THE HONEYMOON EFFECT
Copyright © 2013 by Mountain of Love Productions
Publicação em Inglês em 2013 por Hay House Inc. USA.

Autor do best-seller A BIOLOGIA DA CRENÇA

Bruce H. Lipton, Ph.D.

THE HONEYMOON EFFECT

EFEITO LUA DE MEL

A CIÊNCIA DE CRIAR O PARAÍSO NA TERRA

1ª edição - Julho de 2023

Coordenação editorial
Ronaldo A. Sperdutti

Capa
Juliana Mollinari

Imagem Capa
123RF

Projeto gráfico e diagramação
Juliana Mollinari

Tradução
Yma Vick

Revisão
Alessandra Miranda de Sá
Maria Clara Telles

Assistente editorial
Ana Maria Rael Gambarini

Impressão
Rettec Gráfica

Proibida a reprodução total ou parcial desta obra sem prévia autorização da editora.

© 2023 by Boa Nova Editora.

Av. Porto Ferreira, 1031 | Parque Iracema
CEP 15809-020 | Catanduva-SP
17 3531.4444

www.boanova.net

boanova@boanova.net

Dados Internacionais de Catalogação na Publicação (CIP)
(Câmara Brasileira do Livro, SP, Brasil)

```
Lipton, Bruce H.
    Efeito lua de mel / Bruce H. Lipton ;
[tradução Yma Vick]. -- 1. ed. -- Catanduva, SP :
Butterfly Editora, 2023.

    Título original: The honeymoon effect
    ISBN 978-65-89238-07-2

    1. Relações interpessoais 2. Relações
interpessoais - Aspectos religiosos
3. Relacionamento homem-mulher I. Título.

23-159416                                    CDD-302
```

Índices para catálogo sistemático:

1. Amor : Relações interpessoais : Aspectos sociais
   302

Aline Graziele Benitez - Bibliotecária - CRB-1/3129

Impresso no Brasil – Printed in Brazil
01-07-23-3.000

O GRANDE

EFEITO LUA DE MEL

"Que grande vitória... uma vida inteira de alegria resumida em uma obra. Já li duas vezes e valeu cada minuto de leitura. Entrou definitivamente para minha lista de livros favoritos."
— Dr. Wayne W. Dyer

"Bruce Lipton escreveu o melhor livro sobre o amor (pessoal e planetário) que eu já li. E devo dizer que já li muitos! Conheço Bruce e sua amada Margaret pessoalmente. O relacionamento deles é alegre, enriquecedor, criativo e contagiante. Eles vivem o 'Paraíso na Terra', e você também pode viver. Bruce utiliza os princípios da Nova Ciência, algo que ele descreve como ninguém, explicando e estimulando todos nós a encontrar o amor com que tanto sonhamos."
— Joan Borysenko, Ph.D., bióloga, psicóloga e autora do *best-seller* Minding the Body, Mending the Mind [Cuidando do Corpo, Curando a Mente]

*"**O Efeito Lua de Mel** leva a magia dos relacionamentos amorosos a um nível celular e nos ensina a vivenciar os melhores relacionamentos em nossas vidas."*
— Christiane Northrup, médica ginecologista-obstetra e autora dos *best-sellers* do New York Times *Women's Bodies, Women's Wisdom* [Corpo de Mulher, Sabedoria de Mulher] e de *The Wisdom of Menopause* [A Sabedoria da Menopausa]

*"Se você já se perguntou por que os relacionamentos perdem a magia e o brilho iniciais após algum tempo, este livro é para você. Quando entendemos a ciência por trás da forma como nos relacionamos com as pessoas e aprendemos a estratégia para nos conectarmos a elas da melhor maneira, **O Efeito Lua de Mel** nos ajuda a trazer de volta o esplendor e a vida aos relacionamentos que nos são mais caros."*
— Cheryl Richardson, coautora de *You Can Create an Exceptional Life* [Você Pode Criar uma Vida Excepcional], autora de *The Art of Extreme Self-Care* [Cuidar de Si], *The Unmistakable Touch of Grace* [O Inconfundível Sinal da Graça[1]], *Stand Up for Your Life* [Sua Vida em Primeiro Lugar], *Life Makeovers* [Você Pode Mudar sua Vida], e *Take Time for Your Life* [Encontre Tempo para Viver]

---

1 N.E.: Tradução livre. (Alguns títulos referenciados no livro também estão em tradução livre, por não terem sido publicados oficialmente em língua portuguesa.)

"É um grande prazer ler a obra de Bruce, uma divertida quebra de paradigma da ciência dos relacionamentos amorosos! Bruce mostra que os casais podem aprender muito com a física quântica, com a bioquímica e com a psicologia, e estabelecer relacionamentos conscientes e plenos de amor. Leitura recomendada para quem deseja atrair um grande relacionamento amoroso para sua vida, ou mesmo para manter os que já existem."
— Gay Hendricks, Ph.D., autor de *The Big Leap* [O Grande Salto] e (com o dr. Kathlyn Hendricks) *Conscious Loving* [Amor Consciente]

*"**O Efeito Lua de Mel** é leitura obrigatória para todo casal que deseja trazer mais amor e confiança para seu relacionamento. As explicações simples de Bruce sobre a ciência da magia do amor são cativantes, inspiradoras e, principalmente, esclarecedoras!"*
— Arielle Ford, autora de *Wabi Sabi Love* [Amor Wabi Sabi]

*"Uma explicação brilhante e coerente sobre como nos apaixonamos e sobre como a paixão se esvai assim que o **Efeito Lua de Mel** acaba. Lipton oferece explicações leves e divertidas sobre como é possível modificar nossa programação subconsciente e transformar nossos padrões básicos para estabelecer o Efeito Lua de Mel em todos os nossos relacionamentos, pelo resto da vida. Lipton utiliza a biologia celular, o estudo dos gases nobres e a paternidade consciente (entre outros recursos) em suas explicações, mas faz isso com muita simplicidade, alegria e profundidade. Como em todos os livros que ele escreve!"*
— Nicki Scully, autora de *Alchemical Healing* [Cura Alquímica] e *Planetary Healing* [Cura Planetária]

Outras obras de Bruce H. Lipton, Ph.D.

Livros

A Biologia da Crença: A Libertação do Poder da Consciência, da Matéria e dos Milagres

Evolução Espontânea

Hay House USA: www.hayhouse.com®

HAY HOUSE, INC.
Carls bad, California • New York City London • Sydney
• Johannesburg Vancouver • New Delhi
Copyright © 2013 by Mountain of Love Productions

Todos os direitos reservados. Nenhuma parte desta publicação pode ser reproduzida, transmitida, modificada ou distribuída por qualquer meio, seja eletrônico, mecânico, fotocópia, gravação fonográfica ou armazenado em sistema de dados para uso público ou privado, sem expressa autorização da editora, com exceção de "uso legal", na forma de breve referência em artigos ou resenhas.

O conteúdo deste livro não dispensa ou substitui conhecimento médico e as técnicas aqui descritas não constituem forma direta ou indireta de tratamento físico ou emocional que substituam atendimento médico profissional. A intenção do autor é meramente fornecer informações de natureza geral para auxiliar os leitores em sua busca de bem-estar emocional e espiritual. O autor e a editora não se responsabilizam pelo uso que se possa fazer das informações contidas nesta obra.

*O Paraíso na Terra
pelo Nosso Amor por Nós Mesmos,
uns pelos Outros e pelo Planeta*

SUMÁRIO

PREFÁCIO 15

PRÓLOGO 18

CAPÍTULO 1
Nossa necessidade de conexão 26

CAPÍTULO 2
Boas vibrações 37

CAPÍTULO 3
Poções de amor 64

CAPÍTULO 4
Quatro mentes que não se concatenam 91

CAPÍTULO 5
Gases nobres: espalhe paz, amor e chá de tulsi 123

CONCLUSÃO
Felizes para Sempre – Uma comédia romântica estrelando Bruce e Margaret 147

APÊNDICE A
Sugestões para um efeito lua de mel 162

APÊNDICE B
Comédias para cinematerapia 163

FONTES/REFERÊNCIAS 164

ÍNDICE REMISSIVO 169

AGRADECIMENTOS 189

O Efeito Lua de Mel:

O estado de felicidade, paixão, energia e saúde que sentimos como resultado de um grande amor.
A vida é tão bela que mal se pode esperar para começar um novo dia e agradecer ao Universo por se estar vivo.

PREFÁCIO

Segundo Aristóteles, o homem é um ser social porque é um animal que precisa dos outros membros da espécie.
Creio que essa afirmação faz sentido para a maioria das pessoas. Quem não viveu a experiência de potencializar suas emoções pela presença de um amigo ou um amor ao seu lado? Quem já não imaginou como seria uma festa ou praia se não houvesse essa interação entre as pessoas? Isso sem falar dos que já sofreram de solidão, que, segundo eles, é uma das piores sensações possíveis... Conviver é essencial para viver! E por que vemos tantos problemas com essa convivência, seja em nível profissional, matrimonial, familiar ou mesmo entre amigos? Por que tanto sofrimento, mal-entendidos, rupturas e dor em algo que deveria potencializar nossa consciência e permitir a criação de meio especial pela união?

Dr. Bruce Lipton traz neste livro, de maneira brilhante e com a alegria e leveza que lhe são peculiares, o poder de nossas crenças inconscientes na geração desses inúmeros problemas de relacionamento. Ensina-nos, com maestria e ciência, como trazer luz para esses processos e transformar nossas relações em uma eterna lua de mel.

A física unificada que atualmente conecta os reinos quântico e da relatividade tem como base a existência de um campo subjacente a essa "realidade" que percebemos com nossos sentidos. Ou seja, é real a existência dessa Matrix, o campo pulsante do não manifesto que a tudo conecta, informa e conduz com uma sabedoria ininteligível. Cada próton de nosso universo está conectado por "miniburacos de minhoca" com todos os demais prótons do universo em uma malha única, vibrante e de energia incomensurável, um verdadeiro oceano cósmico de Luz plena! Essas conexões, segundo alguns físicos, é o próprio amor. É amor o nome dessas infinitas pontes que tudo conectam em nosso universo e, portanto, o que mantém toda a estrutura unificada. Ele é a conexão entre as partes quantizadas para que o Todo se mantenha íntegro, ordenado e alinhado com o propósito Real de Vida, com o Sopro da Vida e com tudo o que É. Quantitativamente, ele pode ser descrita até em equação matemática, mas, qualitativamente, é o sentir que não pode ser descrito. É aquilo que um pai e uma mãe sentem pelo filho; por estarem cientes dessa conexão entre eles, o amor ali brota com naturalidade. Então, amor não é propriedade de pai ou mãe, mas sim daquele que sente a conexão entre os seres ou entre as coisas... O indivíduo que expande sua consciência passa a entender o amor maior, porque percebe, enfim, que já é uno com tudo. Sente, consciente e poderosamente, essa conexão. Ao deixar aflorar ainda mais amor, sua felicidade já não depende mais do que acontece fora de si. O reconhecimento dessa conectividade faz verdadeiros milagres em nossas relações, saúde, bem-estar e prosperidade, conforme dr. Lipton nos ensina.

Este livro também nos convida a conhecermos a fisiologia da paixão, das emoções e como trazer consciência a esse processo neural que acontece em cada um de nós, para, assim, podermos dirigi-lo a uma vida de relações duradouras, harmônicas e de grande valor!

Que tal abrir o coração por meio da alegria e receber essas bênçãos do universo para viver nesse constante estado de lua de mel? Deixe que as palavras, insights e emoções gerados pelos ensinamentos desse grande mestre, dr. Bruce Lipton, toquem seu Ser da maneira especial como tocou o meu. E observe germinar a semente desse amor e dessa plenitude que já está dentro de você. Basta zelar pelo campo fértil da entrega e de um coração aberto.

Desejo a todos uma excelente leitura!

Fabio Gabas

PRÓLOGO

> Uma vida sem Amor não tem significado
> O Amor é a Água da Vida
> Beba-o com a alma e com o coração.
> — Rumi

Quando eu era jovem, se alguém me dissesse que um dia eu escreveria um livro sobre relacionamentos, eu o chamaria de louco. Eu achava que amor era um mito, um sonho de poetas e de produtores de Hollywood para fazer as pessoas se sentirem mal, sonhando com algo que jamais conseguiriam ter. Amor eterno? Felizes para sempre? Pode esquecer.

Como todo mundo, fui programado de modo que algumas coisas acontecessem naturalmente em minha vida. Nessa programação, o mais importante era a escolaridade. Para meus pais, o valor da educação era a diferença entre a vida de um catador de lixo (na miséria) e a de um executivo de sucesso, de mãos macias e com uma vida cheia de conforto. Na opinião deles, "não se consegue coisa alguma nesse mundo sem educação".

Devido a essas crenças, era de esperar que eles não escondessem a alegria a cada passo que eu desse para expandir meus horizontes acadêmicos. Até hoje me lembro de chegar em casa, depois de uma aula da professora Novak no segundo ano do ensino médio, maravilhado com minha primeira visão do mundo microscópico das amebas e das algas unicelulares, como a incrível espirogira. Entrei gritando em casa, implorando à minha mãe que me desse um microscópio. No mesmo instante, ela me levou a uma loja e realizou meu sonho – reação totalmente diferente de quando dei um escândalo, desesperado para ter um chapéu de caubói, uma pistola e um coldre iguais aos de Roy Rogers!

Apesar de gostar de Roy Rogers, Albert Einstein foi o grande herói de minha juventude. Ele era meu Mickey Mantle, meu Cary Grant e meu Elvis Presley, todos reunidos em uma única e grande personalidade. Adorava aquela foto em que ele aparece mostrando a língua, com uma explosão de cabelos brancos na cabeça. E também adorava a imagem de Einstein na pequena tela da (recém-inventada) televisão em nossa sala de estar, onde ele aparecia como um sábio, carinhoso e divertido avô.

Tinha muito orgulho do fato de Einstein, um judeu imigrante como meu pai, ter conseguido superar todo o preconceito de sua época com seu brilho de gênio cientista. Fui criado no Condado de Westchster, Nova York, e muitas vezes me senti um verdadeiro estranho ali. Alguns pais não me deixavam brincar com seus filhos, dizendo que eu iria passar ideias "bolchevistas" para eles. Eu tinha orgulho e me sentia bem sabendo que Einstein não era um proscrito, e sim um judeu respeitado no mundo inteiro.

Então bons professores, minha família focada em educação e minha paixão pelas horas diante do microscópio me elevaram ao grau de Ph.D. em Biologia Celular e a uma posição de professor na universidade da Escola de Medicina e Saúde Pública em Wisconsin. Por ironia, só quando deixei a cadeira de professor de Wisconsin para explorar o mundo da "nova ciência" e da mecânica quântica é que passei a entender a verdadeira natureza das contribuições de Einstein, meu herói de infância, para o mundo.

Mas, na mesma proporção em que eu brilhava em termos acadêmicos, meu perfil em outras áreas era totalmente disfuncional, em especial na área dos relacionamentos. Casei-me aos vinte anos, quando ainda era jovem e imaturo demais para ter um relacionamento real. Depois de dez anos de casamento, quando contei a meu pai que estava me divorciando, ele foi radicalmente contra, dizendo que "casamento é um contrato".

Hoje, vejo que a resposta dele fazia sentido para alguém que tinha emigrado em 1919 de uma Rússia mergulhada em fome, massacre e revolução. A vida para ele e para sua família era absurdamente difícil, com a sobrevivência de todos sempre em jogo. Portanto, sua definição de relacionamento era de parceria, e o casamento, uma forma de sobrevivência, semelhante ao recrutamento de noivas voluntárias que foi feito para os pioneiros do oeste norte-americano em 1800.

O casamento de meus pais seguia a linha de "contrato em primeiro lugar" para meu pai, mas minha mãe, que nasceu nos Estados Unidos, não pensava assim. Minha mãe e meu pai trabalhavam juntos seis dias por semana na empresa deles, que tinha lucro e sucesso, mas nenhum dos filhos se lembra de ter visto os dois trocando um simples beijo ou tendo um momento romântico. Assim que entrei na adolescência, o fim do casamento deles ficou evidente quando a raiva de minha mãe, cansada de um relacionamento sem amor, fez piorar a tendência de meu pai para a bebida. Meu irmão e minha irmã pequenos e eu nos escondíamos no guarda-roupa quando as brigas e o abuso verbal tomavam proporções insuportáveis naquele lar, antes tranquilo. Quando meu pai e minha mãe enfim decidiram dormir em quartos separados, estabeleceu-se uma espécie de trégua, mas o ambiente ainda era tenso.

Como muitos casais infelizes nos anos 1950, meus pais se mantinham juntos por causa dos filhos. Divorciaram-se apenas quando meu irmão mais novo saiu de casa e foi para a faculdade. Eu só queria que eles soubessem, na época, que tentar disfarçar aquele relacionamento disfuncional era muito mais prejudicial para os filhos do que uma separação.

Eu culpava meu pai por nossa vida familiar problemática. Mas, conforme fui amadurecendo, percebi que os dois eram igualmente responsáveis pelo desastre que abalava o relacionamento e a harmonia da família. E mais ainda: comecei a perceber como o comportamento deles, infiltrado e programado em meu subconsciente, influenciava e minava todos os meus esforços para estabelecer relacionamentos românticos saudáveis com as mulheres em minha vida.

Sofri durante muitos anos, com muita dor. O fim do meu casamento foi traumático para mim, em especial porque minhas duas lindas filhas, hoje mulheres adultas, bem-sucedidas e carinhosas, eram apenas crianças na época. Foi uma experiência tão traumática que jurei jamais me casar de novo. Convencido, então, de que amor era apenas mito, passei a repetir uma espécie de mantra todos os dias pela manhã enquanto me barbeava, durante dezessete anos: "Jamais me casarei de novo. Jamais me casarei de novo".

Nem é preciso dizer que eu não pensava em qualquer tipo de envolvimento! Mas, apesar daquele ritual matutino, não podia ignorar a força imperativa de todos os organismos, os 50 trilhões de células de nosso corpo que nos impulsionam a nos conectarmos com outro organismo.

O primeiro Grande Amor que tive foi um grande clichê: homem mais velho, com típico padrão emocional mal desenvolvido, se apaixona por mulher mais jovem e inicia um romance adolescente intenso, incendiado por hormônios. Durante um ano eu vivi feliz com as doses entorpecentes da "poção do amor", com os hormônios e compostos neuroquímicos dos quais trataremos no Capítulo 3. Então, quando minha namorada versão adolescente inevitavelmente se cansou (dizendo que precisava de "espaço"), pegou sua bicicleta e correu para os braços de um cirurgião cardiovascular que morava ali perto, passei um ano em minha casa grande e vazia, sofrendo de modo terrível a perda da garota que tinha me abandonado. Crises de abstinência são terríveis, seja para viciados em heroína ou para aqueles que sentem seus hormônios e compostos neuroquímicos voltando ao normal depois de um amor fracassado.

Em um gelado dia de inverno de Winsconsin, lá estava eu sozinho (como sempre), repassando mais uma vez todas as histórias em que fui abandonado pelas mulheres com quem me relacionei. De repente, me veio à mente a frase "me deixe em paz!". Então, uma voz que surge dentro de mim em momentos importantes respondeu: "Bruce, não foi exatamente isso que ela fez?" Comecei a rir como um louco, e o feitiço se quebrou. Daquele momento em diante, toda vez que fico obcecado com alguma coisa, caio na gargalhada. Eu tinha conseguido, enfim, superar algumas de minhas dificuldades através do riso, mas havia muito que progredir!

Estava muito longe, ainda, de perceber com clareza quem eu de fato era no dia em que me mudei para o Caribe para lecionar em uma escola de medicina. Agora estava no lugar mais lindo da Terra, em uma grande casa de frente para o mar, com belas e perfumadas flores ao redor. A casa tinha até jardineiro e cozinheira. Queria compartilhar aquela vida nova com alguém (mas nada que envolvesse casamento, claro, pois ainda estava arraigado a meu mantra matutino). Queria mais que uma parceira sexual. Queria alguém com quem pudesse compartilhar minha nova vida naquele lugar incrível. Mas, quanto mais eu procurava, menos encontrava, embora achasse que meu anúncio era o mais irresistível do mundo: "Se não estiver ocupada, que tal passar dias maravilhosos em minha casa no Caribe?"

Uma noite, achei que tinha tudo para me acertar com uma mulher que acabava de chegar à paradisíaca Grenada, ilha que tinha conquistado meu coração. Fomos até o iate clube para conversar. Fiquei interessado nela e pedi que ficasse mais um pouco ao invés de voltar para o iate onde trabalhava. Ela me olhou bem nos olhos e disse:

— Nem pensar. Você é muito carente.

Foi como se ela tivesse me dado um soco. Fiquei em silêncio, sem saber o que dizer. Após um bom tempo, consegui enfim balbuciar:

– Obrigado. Eu precisava ouvir isso.

No fundo eu sabia que ela tinha razão. E que precisava colocar minha vida em ordem antes de procurar o grande relacionamento amoroso que tanto queria.

Porém, algo engraçado aconteceu: assim que desisti daquela busca desesperada, começaram a surgir mulheres interessadas em se relacionar comigo. E só então o motivo que me inspirou e que me levou a escrever este livro, minha amada Margaret, surgiu em minha vida e começamos um relacionamento como aqueles de comédia romântica, que eu julgava serem mera fantasia.

Mas isso só aconteceu depois. Primeiro tive de aprender que não estava "fadado" a ficar sozinho, que não estava "condenado" a ter apenas relacionamentos fracassados, um após o outro.

Tive de aprender não apenas que *eu mesmo* tinha criado todos aqueles relacionamentos malsucedidos, mas também que podia *criar* o relacionamento maravilhoso com que tanto sonhava!

Tudo começou no Caribe, no instante em que eu fiz aquela surpreendente descoberta científica que descrevi em meu primeiro livro, *A Biologia da Crença*. Enquanto revia toda a minha pesquisa sobre células, percebi que elas não são controladas pelos genes, assim como nós. Aquele "estalo" foi o começo de minha transição. No livro, conto toda a minha história, desde minha fase inicial como cientista cético até a fase de cientista que estudava sobre o sufista Rumi, consciente de que todos temos a capacidade de criar o próprio Paraíso na Terra. E que a vida eterna transcende o corpo físico.

Aquele instante mágico também foi o começo de minha transição de cético avesso ao casamento para o nível de um adulto que enfim assumiu a responsabilidade por todos os relacionamentos malsucedidos que teve e percebeu que poderia ter o relacionamento de seus sonhos. Neste livro, vou descrever essa transição usando alguns daqueles conceitos científicos que usei em *A Biologia da Crença*, só que com muito mais detalhes. Vou explicar por que não são seus hormônios, elementos neuroquímicos, genes ou mesmo seu histórico familiar que o impedem de ter os relacionamentos que deseja. São suas *crenças* que o impedem de ter relacionamentos maravilhosos. Mude suas crenças, e seus relacionamentos se modificarão.

Claro, não é algo tão simples, pois em um relacionamento entre duas pessoas existem, na verdade, quatro mentes funcionando. E, enquanto não entendemos como essas quatro mentes trabalham umas contra as outras, não importando nossas melhores intenções, você irá "procurar amor nos lugares errados". Por esse motivo é que livros de autoajuda e terapia nos permitem identificar o problema, mas nem sempre resolvê-lo. Eles trabalham apenas com duas das quatro mentes em ação nos relacionamentos!

Pense no maior caso de amor que você já teve; aquele do tipo que enlouquece qualquer um. Você fazia amor sem parar, quase não se lembrava de comer ou beber água e tinha energia de sobra: era o Efeito Lua de Mel, algo que, conforme se supõe, deveria durar para sempre. Mas, infelizmente, esse estado de êxtase quase sempre degringola e acaba em brigas diárias, divórcio ou mera tolerância. A boa notícia é que não precisa ser assim.

Você pode achar que seu Grande Amor aconteceu por mera coincidência, que foi mesmo uma grande desilusão ou que tudo acabou mal por falta de sorte. Mas neste livro vou explicar como você criou o Efeito Lua de Mel em sua vida, e também como ele acabou. Ao descobrir o processo pelo qual você mesmo criou e destruiu esse amor, poderá, enfim, parar de reclamar de seu carma negativo nos relacionamentos e estabelecer uma relação tão feliz e duradoura que nem mesmo um diretor de filmes de Hollywood conseguiria produzir.

Após décadas de erros, consegui enfim redigir meu manifesto! E, porque muitas pessoas nos perguntam como conseguimos essa façanha, Margaret e eu resolvemos escrever um Epílogo explicando como nosso Efeito Lua de Mel já dura dezessete anos e continua em plena forma. Queremos compartilhar com todos nossa história porque o amor é o maior fator de crescimento do ser humano, além de ser altamente contagioso! Você verá que, ao criar o Efeito Lua de Mel em sua vida, vai atrair pessoas que também propagam amor. E quanto mais amor, melhor. Sigamos o exemplo de mais de oito séculos que Rumi nos deixou e comecemos a amar uns aos outros de verdade, para que este planeta possa finalmente evoluir e se transformar em um lugar melhor, onde todas as formas de vida possam vivenciar o Paraíso na Terra. Meu desejo é que este livro o ajude a iniciar uma jornada como a que se iniciou para mim naquele instante, no Caribe, e que você possa criar o Efeito Lua de Mel todos os dias de sua vida.

CAPÍTULO 1

Nossa necessidade de conexão

É impossível conceber a ideia de que
exista uma única forma de vida
independente, separada de todo o resto.
— Lewis Thomas

Se você já teve várias decepções em seus relacionamentos, por que insiste em continuar tentando? Posso garantir que não é só para viver aquela fase maravilhosa (e geralmente curta) que os relacionamentos oferecem. Nem por influência das centenas de comerciais de TV que mostram casais felizes. Você insiste (apesar das deprimentes estatísticas de números de divórcios) tão somente porque foi programado para estabelecer vínculos. Seres humanos não foram feitos para viver sozinhos.

Existe um impulso biológico imperativo que leva cada um de nós (e até o mais minúsculo dos organismos no planeta) a viver em comunidade, a se relacionar com os outros. Esteja você consciente disso ou não, sua fisiologia o impele a se relacionar. Na verdade, o que faz os indivíduos estabelecerem *comunidades* (mesmo que sejam de apenas duas pessoas) é uma força que impulsiona a evolução biológica, um fenômeno a que costumo chamar *evolução espontânea*. Este é, inclusive, o nome do livro que escrevi descrevendo o fenômeno com detalhes.[1]

Claro, há também outros fatores biológicos importantes, criados para garantir a sobrevivência: a busca de alimentos, de sexo, de crescimento, de proteção, e a feroz e inexplicável força de luta pela vida. Não sabemos onde ou como o desejo de viver está alojado na programação das células, mas é certo que nenhum organismo desiste da vida sem lutar. Mesmo o mais primitivo dos organismos, a bactéria não fica parada esperando quando alguém quer matá-la. Ela vai lutar de todas as maneiras possíveis para salvar sua vida.

Quando nossas necessidades biológicas não estão sendo satisfeitas ou quando nossa vida está em perigo, temos de imediato aquela sensação no estômago alertando que há algo errado antes mesmo de a mente perceber o perigo. As pessoas estão sentindo isso globalmente agora, pois questionamos a sobrevivência de nosso planeta diante de tanta destruição ambiental e dos seres humanos que causaram todo esse estrago. Este livro descreve especificamente como as pessoas podem ter ou reacender grandes relacionamentos, mas no capítulo final irei explicar como a energia criada por esses relacionamentos tipo "Paraíso na Terra" podem curar o planeta *e* salvar nossa espécie.

Eu sei, parece bom demais para ser verdade, mas o fato é que existe um método de sucesso, com resultados comprovados, para se estabelecer relacionamentos que podem curar as pessoas e o planeta inteiro. Os antigos sábios já diziam: "a resposta está dentro de nós". A natureza e o poder dos relacionamentos harmoniosos podem ser observados na comunidade de trilhões de células que atuam em conjunto para formar cada ser humano. Pode parecer estranho, pois quando alguém se olha no espelho jura estar vendo um único ser. Mas é uma grande ilusão! Cada ser humano é, na realidade, uma comunidade de

---

[1] Bruce H. Lipton, Ph.D., Steve Bhaerman, *Spontaneous Evolution* [Evolução Espontânea] (Carlsbad, CA: Hay House, 2009).

50 trilhões de células conscientes vivendo em uma grande placa de Petri coberta por uma camada de pele, o que explicarei com mais detalhes no Capítulo 3.

Em meu trabalho como biólogo celular, passei centenas de horas estudando com alegria o comportamento e a vida de células-tronco em placas de cultura. E posso dizer que os trilhões de células sob a pele de cada ser humano vivem em muito mais harmonia que os casais e as comunidades humanas, sempre em guerra ou em conflito. Por isso digo que podemos aprender com elas preciosas lições: são *50 trilhões* de células conscientes, *50 trilhões* de cidadãos convivendo pacificamente em uma incrível e complexa comunidade. Todas as células têm emprego. E todas têm direito garantido a um sistema de saúde, proteção, e vivem em uma economia equilibrada (baseada em trocas de moléculas de ATP, unidades de energia que os cientistas chamam de "moeda energética"). Comparado a isso, o trabalho da humanidade (se descobrirmos a logística para fazer com que uma média relativa de meros *8 bilhões* de humanos consigam trabalhar juntos em harmonia) parece bem mais simples. E, comparado à comunidade cooperativa de 50 trilhões de células humanas, o trabalho de cada casal (descobrindo-se como fazer com que *dois* seres humanos se comuniquem e vivam juntos em harmonia) deveria ser fácil demais, mas parece ser o maior desafio que enfrentamos na face da Terra.

Posso garantir que esses organismos unicelulares que foram as primeiras formas de vida no planeta levaram quase 3 bilhões de anos para descobrir como estabelecer esse vínculo uns com os outros. Nem eu levei tanto tempo assim! E, quando eles começaram a se unir para criar formas de vida multicelulares se organizaram, a princípio, em comunidades separadas, ou seja, em "colônias" de organismos unicelulares.

Mas as vantagens evolucionárias de se viver em comunidade (maior consciência do ambiente e distribuição da carga de trabalho) logo levaram à formação de organismos estruturados, compostos de milhões, bilhões e então de trilhões de células individuais, socialmente integradas.

Tais comunidades multicelulares se apresentam em tamanhos que variam de microscópico a visível a olho nu: bactérias, amebas, formigas, seres humanos etc. Sim, nem mesmo as bactérias vivem sozinhas. Elas formam comunidades que, mesmo separadas, mantêm constante comunicação por sinais químicos e de vírus.

Quando as células descobriram como trabalhar juntas para criar organismos de todos os tamanhos e formas, os organismos multicelulares mais desenvolvidos também começaram a se organizar em comunidades. Por exemplo: em nível macro, uma árvore aspen (*Populus tremuloides*) forma um superorganismo composto de grandes unidades de pequenas árvores geneticamente semelhantes (em termos técnicos, galhos) conectadas por um sistema único de raízes. A maior aspen de que se tem notícia fica em um bosque de 106 acres em Utah (EUA), chamado Pando. Segundo os especialistas, é o maior organismo do planeta.

A natureza social das sociedades harmônicas de multiorganismos oferece informações que podem ser diretamente aplicadas à civilização humana. Um grande exemplo é o das formigas, que, assim como os seres humanos, são organismos multicelulares sociais. Uma formiga que é retirada de sua comunidade morre em pouco tempo. Isso porque ela é, na verdade, um suborganismo. O verdadeiro organismo é representado pela *colônia*. Lewis Thomas descreveu as formigas da seguinte forma: "As formigas são absurdamente parecidas com os seres humanos. Elas cultivam fungos, criam colônias de pulgões para servir de alimento, enviam soldados para a guerra, usam borrifos químicos para alarmar e confundir os inimigos, depois os capturam e fazem deles escravos [...] usam trabalho infantil. E trocam informações o tempo todo. A única coisa que ainda não fazem é assistir televisão".[2]

---

[2] Lewis Thomas, *The Lives of a Cell*: *Notes of a Biology Watcher* [*As Vidas de uma Célula*] (New York: Viking, 1974).

A necessidade da natureza de estabelecer comunidades também é facilmente observável em mamíferos como cavalos, por exemplo. Os potros mais jovens estão sempre correndo e irritando os pais, exatamente como as crianças humanas. Para corrigi-los, os pais aplicam mordidas como forma de punição e condicionamento. E, quando as mordidas não são suficientes, utilizam a forma mais eficiente de punição: expulsam os potros desobedientes do grupo e não os deixam mais retornar. Isso é considerado grave, mesmo pelos mais rebeldes. Eles fazem de tudo para serem novamente aceitos.

Nós, humanos, podemos viver sozinhos mais tempo que formigas isoladas, mas corremos o risco de perder a sanidade. Um bom exemplo que me vem à mente é o do filme *Náufrago*, em que Tom Hanks faz o papel de um homem que se vê abandonado em uma ilha do Pacífico. Ele usa o sangue de sua mão machucada para desenhar um rosto em uma bola de vôlei que encontra, chamando-a de "Wilson" (na verdade, a marca da bola), apenas para ter com quem conversar. Porém, depois de quatro anos, decide se aventurar fazendo um barco improvisado para sair da ilha. Mesmo tendo descoberto formas de se alimentar e de encontrar água, com sustento garantido, ele prefere morrer tentando encontrar um local com outras pessoas a ficar sozinho.

Muitos acreditam que o instinto de reprodução é nosso imperativo biológico principal, e não há dúvida de que a reprodução dos indivíduos é fundamental para a sobrevivência da espécie. É por esse motivo que o sexo é prazeroso para a maioria dos seres. A natureza quis garantir que os seres humanos tivessem desejo de procriar e de manter sua existência. Mas Tom Hanks não desejava sair da ilha para se reproduzir. Ele queria se comunicar com pessoas, e não com uma bola de vôlei.

Para nós, humanos, estabelecer pares (os biólogos chamam a isso "acoplamento de pares") é mais que simples sexo para propagação. Em uma palestra denominada "The Uniqueness of Humans" [A Singularidade do Ser Humano], o neurobiólogo e primatologista Robert M. Sapolsky explica como somos únicos nesse aspecto:

> Muitas vezes o desafio está justamente em lidar com o fato de sermos seres totalmente diferentes do resto; não há precedentes desse tipo no mundo animal. Vejamos um exemplo. E é um exemplo chocante. Vamos lá. Imagine um casal. Os dois voltam para casa ao final do dia. Eles conversam. Eles jantam. Eles conversam mais um pouco. Depois vão para a cama. E fazem sexo. Depois disso, conversam mais um pouco. E então adormecem. No dia seguinte fazem exatamente a mesma coisa. Voltam do trabalho. Conversam. Jantam. Conversam. Vão para a cama. Fazem sexo. Conversam mais um pouco. Adormecem. Os dois repetem esse comportamento por 30 dias seguidos. Uma girafa acharia isso horrível. Mas quase todos nós fazemos sexo não reprodutivo diariamente e ninguém estranha.[3]

Para os seres humanos, o sexo de propagação é algo crucial até que a população se estabilize. Quando a população humana atinge um estado de equilíbrio e segurança, o sexo para reprodução diminui. Nos Estados Unidos, onde a maioria dos pais supõem que seus filhos irão viver e que eles não terão que pedir esmola na velhice, o número de filhos por família é menor que dois. Mas qualquer população que se sinta ameaçada irá iniciar seu processo de reprodução mais cedo e se reproduzir mais. Calculam, inconscientemente, que alguns de seus filhos podem não sobreviver e que precisam ter mais de dois filhos para que eles os sustentem durante a velhice. Na Índia, por exemplo, embora a taxa de fertilidade tenha diminuído 19% em uma década, caindo para 2,2%, nas áreas mais pobres, onde as famílias enfrentam desafios para sobreviver, a taxa pode ser três vezes mais alta.

---

[3] Robert Sapolsky, "The Uniqueness of Humans" [A Singularidade do Ser Humano] (Stanford University Class Day Lecture: 13 de junho de 2009), www.youtube.com/watch?v=hrCVu25wQ5s.

Mas até em sociedades onde a necessidade de reprodução é reduzida existe o instinto de se estabelecer relacionamentos, pois a necessidade de conexão é mais forte que a de procriar. E casais que não têm filhos podem ter relacionamentos maravilhosos. Muitos tomam juntos a decisão de não os ter. No livro *Two Is Enough: A Couple's Guide to Living Childless by Choice* [Dois Já Bastam: o Guia Completo para Casais que Escolhem Não Ter Filhos], a autora Laura S. Scott trata das razões pelas quais muitos abrem mão dessa opção. Ela inicia o livro citando uma conversa que teve com o marido de uma amiga que tinha acabado de ter um filho:

> – Mas por que vocês se casaram se não queriam filhos?
> – Por quê? Por amor... pelo companheirismo – respondi.
> A pergunta dele me surpreendeu, e fiquei sem palavras [...]. Ele olhou demoradamente para mim, esperando uma explicação mais longa. Obviamente, estava curioso. Naquele momento percebi que meu relacionamento devia ser realmente estranho para ele. Eu tinha, diante de mim, uma pessoa que não podia imaginar a vida sem crianças tentando entender alguém que não podia imaginar a vida *com* crianças.[4]

Laura S. Scott decidiu estudar o assunto e descobriu, em uma pesquisa populacional realizada em 2000, que 30 milhões de casais nos Estados Unidos não têm filhos, e que o Censo norte-americano indicava que apenas 20% dos casais teriam filhos até 2010.[5] A autora então realizou uma pesquisa com casais que não desejam ter filhos e descobriu que um motivo importante para a escolha era o fato de valorizarem seus relacionamentos. Um dos maridos entrevistados disse:

---

4 Laura S. Scott, Two Is Enough: *A Couple's Guide to Living Childless by Choice* [Dois Bastam: o Guia Completo para Casais que Escolhem Não Ter Filhos] (Berkeley, CA: Seal Press, 2009).
5 Ibid.

– Temos um relacionamento gratificante e muito feliz assim como está. É muito bom poder sentir que a dinâmica da relação que tenho com minha esposa não se modificará.[6]

Talvez, se mais pessoas percebessem que a união entre organismos mais desenvolvidos é uma questão primordial de companheirismo e não apenas um impulso de reprodução, haveria menos preconceito em relação à homossexualidade. O fato é que a homossexualidade é algo natural e bastante comum no reino animal. Em uma análise realizada em 2009 sobre literatura científica na Universidade da Califórnia, em Riverside (EUA), os biólogos Nathan W. Bailey e Marlene Zuk, em busca de um estudo mais aprofundado sobre o impulso do comportamento homossexual, afirmam: "a variedade e a ocorrência de comportamento sexual entre indivíduos do mesmo sexo no mundo animal é impressionante; uma grande incidência de corte, de relacionamentos e de cópula é observada nas mais diversas espécies, como mamíferos, pássaros, répteis, anfíbios, insetos, moluscos e nematódeos (parasitas)".[7] Um exemplo é o das gaivotas-prateadas: 21% das fêmeas dessa raça se relaciona com outra fêmea pelo menos uma vez durante a vida e 10% são exclusivamente lésbicas.[8]

Então, já que temos o impulso de encontrar um par, seja para um relacionamento homossexual ou heterossexual, precisamos entender como a Natureza planejou nos unir, e este é o foco deste livro. Enquanto não aprendermos a estabelecer um relacionamento a dois, como podemos seguir os exemplos das células para estabelecer comunidades mais cooperativas? Enquanto não aprendermos a ter melhores relacionamentos como casais, que é o próximo passo de nossa evolução para

---

6 Ibid.
7 Nathan W. Bailey e Marlene Zuk, "Same-Sex Sexual Behavior and Evolution" [Comportamento Homossexual e Evolução], *Trends in Ecology and Evolution* [Tendências da Ecologia e da Evolução], vol. 24, n. 8 (June 10, 2009).
8 Bruce Bagemihl, *Biological Exuberance: Animal Homosexuality and Natural Diversity [Exuberância Biológica: Homossexualidade Animal e Diversidade Natural]* (New York: St. Martin's Press, 1999).

podermos então nos unir como um todo e formar um grande superorganismo *humano*, o processo continuará emperrado. Mas, se formigas podem fazer isso, nós também podemos!

A boa notícia é que a história da evolução não é a simples história da sobrevivência de comunidades cooperativas, e sim a história de padrões repetidos que podem ser compreendidos por meio da geometria e de cálculos matemáticos que permitem estabelecer estruturas no espaço. Os seres humanos não criaram a geometria; eles a deduziram a partir do estudo do Universo, pois ela nos oferece uma forma de compreender a organização da Natureza. Como afirmou Platão: "a geometria já existia antes da criação".

Os padrões repetidos da nova geometria, a *geometria fractal*, revelam uma visão surpreendente quanto à natureza da estrutura do Universo. Apesar de sentirmos que estamos à beira de uma crise no planeta, a geometria fractal deixa claro que esse tipo de situação crítica já ocorreu antes, conforme explicarei mais adiante. E, a cada ocorrência, apesar do número de óbitos (a exemplo dos dinossauros), trouxe algo de bom.

Os cálculos matemáticos da geometria fractal são, na verdade, bem simples: equações que usam apenas multiplicação, adição e subtração. Quando uma dessas equações é resolvida, a resposta é reinserida na equação original e resolvida novamente. Esse padrão "recorrente" pode se repetir infinitamente. Quando as equações fractais repetidas são resolvidas mais de 1 milhão de vezes (os cálculos hoje podem ser feitos graças ao advento de computadores mais poderosos), padrões visuais geométricos surgem. O que se observa é que uma característica típica da geometria fractal é a criação de padrões repetitivos e "similares", alojados um dentro do outro. A boneca russa Matrioska é um bom exemplo que ajuda a entender os padrões fractais. Símbolo da maternidade e da fertilidade, ela é um conjunto de pequenas bonecas que se encaixam uma dentro da outra. Cada uma é uma miniatura, mas não necessariamente réplica exata das outras.

Assim como a Matrioska, os padrões repetidos da Natureza tornam clara sua organização fractal. Por exemplo: o padrão dos ramos de um galho de árvore lembra o padrão desses próprios galhos saindo do tronco. O padrão de um grande rio é semelhante ao padrão de seus pequenos afluentes. No pulmão humano, o padrão de distribuição das passagens de ar maiores dos brônquios se repete nos bronquíolos menores. Mesmo nos organismos mais complexos, os padrões são repetidos.

Esses padrões ajudam a entender melhor o mundo natural. Apesar da evolução e do aumento da complexidade na estrutura das comunidades cooperativas multicelulares, o fato que mais surpreende é que, na fisiologia dos seres humanos (os organismos que estão supostamente no topo da cadeia evolutiva), não há funções novas que já não estejam presentes nas células mais simples da base da cadeia. Sistemas digestivo, excretório, cardiovascular, nervoso e até imune são parte de absolutamente todas as células que compõem nosso corpo. Aponte uma função em seu organismo e eu lhe mostrarei onde ela surgiu na base de uma célula. Tais padrões fractais repetitivos significam que tudo que aprendemos com os organismos mais simples da Natureza se aplica a organismos mais complexos e também aos humanos. Portanto, se alguém pretende entender a natureza do Universo, não é preciso estudá-lo por inteiro; basta estudar seus componentes, como eu fiz quando era biólogo celular. Os padrões repetidos da geometria fractal oferecem a base científica para o princípio que os místicos descrevem como "assim na terra como no céu". Somos claramente *parte* do Universo, não um adendo criado tardiamente com o único propósito de "dominar" a Natureza.

A biosfera construída com padrões repetitivos da geometria fractal também oferece a oportunidade de se prever o futuro da evolução estudando sua história. A teoria darwiniana tradicional afirma, ao contrário, que a evolução se *iniciou* a partir de mutações aleatórias ou de "acidentes" genéticos, sugerindo que não temos como prever o futuro. Mas, quando estudamos os passos das células, vemos que nosso futuro *deveria* ser cada vez mais o de cooperação e de harmonia para que os seres humanos (começando com a estrutura básica de pares ou casais) possam desenvolver o grande organismo conjunto definido como humanidade.

Ao invés de amaldiçoar nossa má sorte nos relacionamentos, precisamos reconhecer que nossos esforços para encontrar um par são o impulso básico da Natureza e que esses laços podem ser de cooperação e entendimento. Mais uma vez, é preciso seguir o sábio conselho de Rumi: "Antes eu era inteligente e queria mudar o mundo. Hoje eu sou sábio e estou mudando a mim mesmo". Quando conseguirmos viver em harmonia com a Natureza (e com nós mesmos), estaremos prontos para criar o Efeito Lua de Mel em nossa vida e ter relacionamentos baseados em amor, cooperação e comunicação. No próximo capítulo, iremos tratar da principal forma de comunicação entre os organismos: vibrações energéticas.

CAPÍTULO 2

Boas vibrações

> Acredito que a Natureza tem em si um
> sutil magnetismo e que, quando nos
> rendemos a ele, somos direcionados
> para o caminho certo.
> — Henry David Thoreau

Lá estava eu, tranquilamente no paraíso, longe das batalhas legais e financeiras que tinham arruinado minha vida, quando cometi um erro que nem o mais simples dos mamíferos cometeria. Uma gazela se descuida na presença de um leão? Vai calmamente até ele perguntar "quer ser meu amigo?". É claro que não. Assim que sente a presença de um leão, a gazela dispara a fabulosos 80 quilômetros por hora para evitar se tornar um jantar. Mas quando um predador humano capaz de provocar arrepios se colocou a duas portas de distância, o que fiz? Entendi o aviso claro daquele rosto esverdeado vindo em minha direção? Prestei atenção ao alerta de meu coração, que disparou imediatamente, indicando que eu estava em perigo? Interpretei as imagens demoníacas que me vieram à mente como um sinal para ficar longe? Não, muito pelo contrário. Fiz um grande esforço e ignorei a aversão que ele me causou. Afinal, me encontrava em pleno processo de transformação, passando de professor agnóstico a um cientista espiritualizado. Minha mente estava focada em pensamentos positivos, o que excluía a possibilidade de reconhecer predadores humanos. E meu coração estava concentrado em sentimentos de perdão. Além da aparência de demônio, ele lembrava muito alguém que havia me levado a uma batalha judicial; alguém que eu achava que podia esquecer usando todo o poder do perdão (só que eu ainda não tinha esse poder). Lutei, então, contra a repulsa que me corroía as entranhas, iniciei uma conversa com ele e até consegui ser civilizado. Minha mente tentava racionalizar o mal-estar que eu sentia toda vez que o encontrava, transformando-o em uma espécie de penitência da Nova Era.

Um ano depois de eu conhecer meu vizinho predador, um caminhão parou em minha porta para pegar todos os meus pertences e fazer minha mudança de Barbados para Granada. Quando a escola de medicina em que eu lecionava enfim autorizou minha transferência, minha paciência pareceu ter sido recompensada de duas formas: a primeira, e principal, foi a alegria de nunca mais ter que ver aquele sujeito que me causava asco. A segunda foi achar que tinha me enganado a seu respeito, pois ele até se ofereceu e veio ajudar a empacotar e carregar *toda* a minha mudança (exceto a pequena mala que eu tinha separado para uma rápida viagem de volta aos Estados Unidos). Fez questão de levar até mesmo o meu caro e precioso equipamento fotográfico para o caminhão. *Não é um sujeito assim tão mau,* minha mente insistia em dizer. Mas meu coração disparado me dizia para sair dali o mais rápido possível!

Minha ficha só caiu de verdade quando eu já estava no Caribe e descobri (depois de vários dias ligando como um louco para a empresa de mudança) que minhas coisas jamais iriam chegar. Meu vizinho predador foi à empresa no mesmo dia em que saí de Barbados, cancelou o envio da mudança, conseguiu reembolso do valor que eu tinha pago e desapareceu, levando consigo tudo que eu tinha. O que parecia ser uma lição de perdão e pensamento positivo acabou sendo uma lição de como lidar com o fato de ter perdido todos os meus pertences. Novamente. Aquela era a quarta vez (e última, espero) em que perdi tudo. Sim, minha vida sempre foi agitada!

O ponto mais importante deste capítulo é que perder tudo que eu tinha foi uma dolorosa lição sobre a importância de prestar atenção às "boas" e às "más vibrações". Todos os organismos deste planeta usam vibrações (ou energia) como meios de comunicação. Aprendi a duras penas que ignorar esse tipo de comunicação é o erro mais grave que se pode cometer, mas que nós humanos cometemos o tempo todo. Acreditamos que nada esteja acontecendo mesmo quando, no fundo, *sabemos* que estamos sendo enganados. Suprimimos nossos *sentimentos* quando nossa mente racional se concentra apenas nas *palavras,* especialmente naquelas ditas por trapaceiros (ou pelas pessoas por quem nos apaixonamos).

O problema das palavras, por mais que eu goste delas, é que podem ocultar as formas de comunicação energética, bem mais confiáveis. Certa noite, enquanto assistia a um filme e já estava quase caindo no sono, ouvi ali uma frase que me deixou tão feliz que passei horas acordado: "A linguagem foi criada para esconder os sentimentos". Meu vizinho predador jamais *disse* algo que tenha me feito pensar que ele era um grande ator, falso e mentiroso. E nada do que eu *disse* o alertou para o fato de eu estar caindo na conversa dele. Por mais que eu *dissesse* para mim mesmo que meu medo era bobagem, algo no fundo me *dizia* para evitá-lo, pois em meu íntimo eu *conseguia* sentir a energia e as más vibrações dele.

Para criar o Efeito Lua de Mel em sua vida, você precisa aprender a aproveitar seu maravilhoso dom inato: a habilidade de identificar as boas e as más vibrações. E, para isso, provavelmente terá que superar a programação que recebeu durante a infância e juventude, embora essa não seja a única programação a ser trabalhada. Explicarei isso com mais detalhes no Capítulo 4.

Muitos de nós aprendemos desde cedo a ignorar as mensagens que recebemos energeticamente: "não ouça seus sentimentos. Ouça as palavras". Por isso deixamos de lado tudo aquilo que percebemos instintiva e energeticamente. Ignoramos avisos do tipo *ele está mentindo quando diz que me ama*. Sentimos culpa (como senti ao perceber que não gostava de meu vizinho) e por isso racionalizamos tudo, dizendo a nós mesmos: *devo estar errado, pois ele está dizendo muitas coisas certas. Afinal, eu o amo como ser humano e o amor supera tudo*. E, da mesma forma, ignoramos as boas vibrações. *Ela é fantástica, mas não daria certo porque não é o meu tipo*.

E caso "interpretar mensagens energéticas" pareça bobagem de Nova Era para você, posso afirmar que é justamente o contrário. Trata-se, na verdade, de recentes descobertas da física quântica, e, sim, chegamos ao foco principal deste capítulo! Antigamente, tudo que eu ouvia sobre energias parecia uma grande crendice. Como a maioria dos biólogos de minha geração, aceitei os princípios da física newtoniana, que mensurava e descrevia de maneira brilhante o modo como o universo *material* funciona. Quando Newton mostrou que era capaz de prever os movimentos do sistema solar utilizando apenas dados físicos, deixando Deus fora da equação, estabeleceu-se uma divisão entre ciência e religião. Na época em que estudei, essa separação havia se tornado imensa. Até pouco tempo atrás, os cientistas se concentravam em estudar o aspecto físico, deixando o lado invisível para os seguidores das religiões, algo que definitivamente eu não era.

Observando agora vejo que nós, cientistas, fomos extremamente ingênuos ao crer que a mecânica do Universo pode ser explicada somente pela física newtoniana, tradicional e hiper-racional. Mesmo sendo precisos para o mundo material, os princípios newtonianos não bastam para explicar um mundo cheio de vibrações boas e ruins, curas milagrosas, comunicação telepática e até mesmo o Efeito Lua de Mel.

Assim como os demais biólogos, demorei a me adaptar ao mundo pós-newtoniano. Quando finalmente passei a estudar física quântica, percebi que Max Planck, Werner Heisenberg, meu herói de infância Albert Einstein e outros pioneiros haviam nos presenteado com uma nova física que nos permite compreender forças que não vemos, mas que são a verdadeira base da vida. O que a física quântica nos ensina é que tudo que achávamos ser físico na realidade *não* é. Tudo neste Universo é constituído de energia não material, e tudo irradia energia. Já era sabido pela ciência que todo átomo e toda molécula irradiam e absorvem luz (energia).[1] Como todos os organismos são compostos de átomos e moléculas, você, eu e todos os organismos vivos irradiamos energia ("vibrações"). Isso inclui meu vizinho predador, que irradiava o tipo de energia que eu deveria saber ser nociva!

Você pode até argumentar usando um exemplo: o fato de você conseguir subir em um palco e dar palestras sobre o Efeito Lua de Mel sem afundar, *atravessando* o chão, não é prova de que você é um ser físico e que o palco é um objeto feito de substância material, por isso você não o atravessará? Não e não! Quando estou no palco, estou sobre um conjunto de vórtices de energia. Por isso não o atravesso. (Já *caí* de um palco, mas isso é outra história.) E, quando você olha para mim, o fato de ver um ser humano é mera ilusão. Eu não tenho uma estrutura física. O que você vê é um grupo de fótons de luz se projetando para fora de mim!

A menos que você seja versado em física quântica, tenho certeza de que não o convenci de abdicar da crença de que vivemos em um mundo material. Posso lhe garantir que os princípios da física quântica são ao mesmo tempo estranhos

---

[1] Vladilen S. Letokhov, "Detecting Individual Atoms and Molecules with Lasers" [Detecção de Átomos e Moléculas com Laser], *Scientific American*, vol. 259, n. 3 (Setembro de 1988).

e maravilhosos. Vou tentar descrever, então, da melhor forma possível, que o mundo que conhecemos como material é, na verdade, um mundo energético. A física newtoniana pregava que o átomo era a menor partícula do Universo. O termo *átomo* vem do Grego *indivisível*. No entanto, o ano de 1895 marcou o início de uma renascença na física que mudaria para sempre nossa compreensão do mundo. Os físicos começaram a descobrir que os átomos são compostos de partículas ainda menores. Descobriram primeiro os elétrons e, em seguida, os prótons e os nêutrons. E mais adiante descobriram que essas partículas subatômicas básicas faziam parte de um grupo de itens de tamanho ainda menor e de comportamento estranho: os bósons, os férmions e os quarks. A descoberta dessas partículas subatômicas ainda menores abriu a visão deles para o reino quântico, cujas estranhas características derrubavam de maneira desconcertante os princípios da física newtoniana clássica.

O fato mais estranho da física quântica é que tais partículas subatômicas não são compostas de matéria. Na verdade, elas sequer são partículas físicas. Adoro a imagem a seguir, de um átomo newtoniano comparado a um átomo quântico.

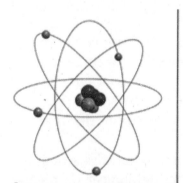

Átomo newtoniano | Átomo quântico

O átomo newtoniano, à esquerda, pode ser facilmente mostrado de maneira concreta, utilizando-se uma estrutura com bolinhas de gude e bolas maiores. É o modelo semelhante ao do sistema solar que se vê nos livros de escola. Já a ilustração do "átomo quântico", à direita, parece ser um erro de impressão: é um "nada". Isso ocorre porque os físicos quânticos descobriram que não existe substância física dentro dos átomos. As subunidades que os compõem são feitas de poderosos vórtices de energia invisível, algo como "nanotornados", matéria não tangível. Pode-se concluir, portanto, que a matéria é uma estranha forma de energia e que não é física. Para aqueles (inclusive os cientistas) acostumados a ver este mundo como algo material, é um conceito difícil de conceber. A melhor forma de imaginar a energia de um átomo é pensar em um tornado vindo em sua direção na velocidade de um Porsche em uma pista de alta velocidade. Você só consegue ver o tornado como uma estrutura física na ilustração a seguir por causa da poeira e dos objetos que giram em seu interior.

Se filtrar toda a poeira e os detritos, como mostra a imagem da direita, ele não apresenta estrutura física, ou seja, é "apenas" um campo de força de energia invisível. Vamos continuar com a viagem imaginária a mais ou menos 160 quilômetros por hora. Se alguém tenta atravessar o campo de energia do tornado, sente imediatamente sua força, e de forma desastrosa, pois atravessar um tornado é como bater de frente em um muro. A energia que emana dele resiste a forças opostas (o Porsche a toda velocidade), da mesma forma que a matéria física (o muro). Na verdade, a força gerada por "nanotornados" atômicos é bem maior que a de um furacão como o Katrina. É devido a essa força que eu não atravesso o chão de um palco. Quando estou de pé sobre ele, estou sobre o vórtice de trilhões de nanotornados atômicos.

Continuemos, então, com o raciocínio sobre os átomos. Átomos são feitos de vórtices de energia. Isso nos leva à conclusão de que as moléculas, feitas de átomos, também são vórtices de energia. Portanto, as células, compostas de moléculas, são vórtices de energia. E os seres humanos, também compostos de trilhões de células, são... *vórtices de energia.* Parecemos ser físicos, matéria sólida, mas isso é uma ilusão, um truque de luz. Somos todos pura energia! Mas o que isso tem a ver com nossa vida pessoal? Nada, levando-se em conta os cursos de física convencional, segundo os quais os princípios da mecânica quântica se aplicam apenas ao nível subatômico. Mas alguns físicos, assim como eu, argumentam que os princípios da mecânica quântica têm profundas implicações em nossa vida. A partir do momento em que aceitamos que somos basicamente compostos de energia, inexoravelmente conectados a esse vasto e dinâmico campo energético do qual fazemos parte, não podemos mais nos enxergar como pobres, impotentes e isolados indivíduos que parecem ter sido sorteados na loteria evolucionária darwiniana. Como os místicos que viveram ao longo de toda a história sempre afirmaram, tudo no Universo está conectado: "O momento de iluminação para uma gota no oceano é aquele em que ela percebe que é água", disse o monge budista vietnamita Thich Nhat Hanh.

Para ilustrar a mecânica do campo de energia invisível do qual fazemos parte e o modo como essa mecânica influencia nossas vidas, gosto de usar exemplos comuns do mundo visível.

Quando se jogam duas pedras em um lago, elas geram ondulações na superfície, pequenas ondas em miniatura. Essas ondulações não são a energia criada pelas pedras; elas são um complemento físico da forma da energia invisível. As ondulações são criadas pela força da energia em movimento (como a analogia do Porsche e do tornado), que muda a forma da água conforme se movimenta sobre a superfície do lago.

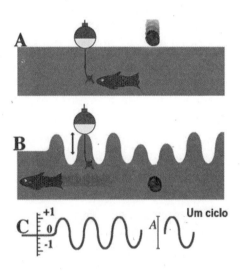

A história das ondulações: na Figura A, um peixe se prepara para abocanhar um verme enquanto uma pedra em queda livre se aproxima da superfície da água. Quando a pedra atinge a água na Figura B, sua energia cinética é transferida para ela e se irradia a partir do ponto de impacto, formando uma série de ondulações concêntricas. A energia em movimento forma ondas em miniatura sobre a superfície da água, mas a água em si não se move. Isso é exemplificado pela ação da isca do pescador, que se eleva verticalmente e em seguida desce, à medida que a onda se vai (observe a seta). O fato é que a isca não se move horizontalmente com as ondulações, o que comprova que a água logo abaixo não está se movendo. O formato das ondulações indica a característica concêntrica da energia em movimento. A Figura C mostra o formato das ondas de energia. A altura e a profundidade das ondulações refletem o poder dessa energia. Quanto maior a pedra jogada no lago, mais energia ela transfere para a água. A força da energia, medida pela magnitude das ondulações, é chamada de *amplitude da onda* (denominada A). A frequência da energia, medida em hertz, é determinada pelo número de ciclos de onda gerados por segundo.

Vejamos agora duas experiências hipotéticas que demonstram com clareza como a energia interage. Primeiro, jogamos ao mesmo tempo e da mesma altura duas pedras do mesmo tamanho em um lago. Para essa experiência, o foco é o ponto para o qual as ondulações geradas por cada pedra convergem. Em determinado ponto dessa convergência, pode-se observar que a força das ondas da energia emaranhada é amplificada, pois a altura das duas ondas combinadas é maior que as alturas das ondulações individuais que as geraram. A força adicionada da onda produzida pelas duas energias emaranhadas é um fenômeno chamado *interferência construtiva* porque amplifica o tamanho da onda, o que é ilustrado a seguir.

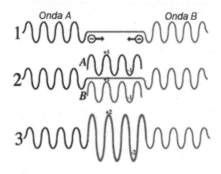

Interferência construtiva: na Figura 1, duas ondulações se movem sobre a superfície da água, uma em direção à outra. Conforme a ilustração, tanto a onda A quanto a B se movem uma em direção à outra, com as ondulações *em fase*. Neste caso, ambas se movimentam com amplitude negativa. Seus padrões de ciclo estão alinhados; as ondas estão *em fase* (ressonância harmônica). As ondas se fundem no ponto em que as oscilações se tocam. Para ilustrar a consequência dessa fusão, as ondas são representadas uma acima da outra na Figura 2. Onde a amplitude de A é +1, a amplitude de B também é +1. Somando-se as duas, a amplitude resultante da onda combinada nesse ponto é +2. Da mesma maneira, o ponto em que

A é −1, B também é. A amplitude somada será, então, −2. A onda combinada de maior amplitude ilustrada na Figura 3 é um exemplo de *interferência construtiva*.

Para a segunda experiência, jogamos uma pedra logo em seguida da outra, com mínimo espaço de tempo. Desta vez, não se observa a amplificação da energia no ponto em que se observou na primeira experiência, porque as ondas de energia não estão em sincronia (não são harmônicas; enquanto uma onda sobe, a outra desce). Essas ondas de energia em desacordo se cancelam mutuamente. Em vez de duplicar, a energia é dissipada e, como se pode ver no gráfico a seguir, a água é calma e não há ondas se elevando no ponto de convergência. O fenômeno de cancelamento de energia é chamado *interferência destrutiva* porque diminui o tamanho da onda.

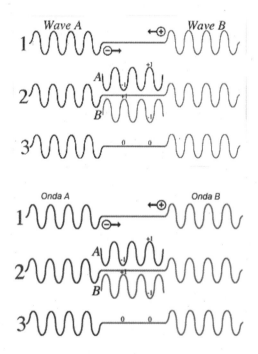

Interferência destrutiva: na Figura 1, as ondulações oriundas da primeira pedra, denominadas Onda A, movem-se da esquerda para a direita. A Onda B, que se move para a esquerda, representa as ondulações da segunda pedra, jogada logo depois da primeira. Como as pedras não caíram na água ao mesmo tempo, as ondas não se alinham ao se encontrar na superfície; elas estão *fora de fase*. Na ilustração, a Onda A é conduzida com uma amplitude negativa e a Onda B é conduzida com uma amplitude positiva.

Quando as ondas se encontram no ponto indicado na Figura 2, elas são imagem espelhada uma da outra. A alta amplitude (+1) de uma onda está alinhada com a amplitude (−1) da outra, e vice-versa. Como se pode ver na Figura 3, os valores de amplitude de cada onda se cancelam mutuamente. Portanto, a onda composta que tem amplitude 0 na verdade não é onda... é superfície plana! As ondas de energia canceladas representam um exemplo de *interferência destrutiva*.

Não é preciso ser especialista em relacionamentos ou físico quântico para entender aonde quero chegar. Dada a natureza da física quântica, a definição de amor (ou de "felizes para sempre") é a interferência construtiva, também conhecida como *boas vibrações*. Boas vibrações são a forma que a natureza tem de dizer que estamos no lugar certo ou com a pessoa certa. O simples fato de estarmos com um parceiro que esteja em harmonia conosco eleva nossa energia; juntos criamos ondas de alta energia. Por outro lado, a interferência destrutiva, também conhecida como *más vibrações,* é a forma que a natureza tem de nos alertar para ameaças em potencial. Más vibrações em um relacionamento podem ser indicação de nosso sistema nervoso avisando que estamos nos relacionando com a pessoa errada. Um relacionamento energeticamente desarmonioso geralmente envolve discussões e recriminações. O simples fato de estarmos próximos da pessoa nos deprime.

Então, quando nos "emaranhamos" (terminologia da física quântica) com a energia de alguém, queremos que a energia resultante seja construtiva (boas vibrações), e não destrutiva (más vibrações). Queremos que a interação *aumente* nossa energia, não que nos *esgote*. Agora que você compreende a ciência implícita em um fenômeno que muito provavelmente já observou (algumas pessoas o energizam e outras o exaurem), espero que comece a se cercar de pessoas que elevam sua energia. Da mesma maneira, os chineses descobriram, bem antes dos físicos quânticos, a influência da natureza não material do Universo, e que podemos nos cercar de objetos "físicos" que melhoram nossa energia. Os objetos vibram da mesma maneira que nós. O Feng Shui, que teve origem na astronomia chinesa, nos ensina a organizar os objetos ao redor conforme nossa energia, elevando o nível de *qi* (energia). Para a mente ocidental, isso pode parecer um tanto estranho, mas todos nós já sentimos isso, mesmo sem nos dar conta. Imagine-se em uma loja de departamentos durante uma promoção. Você encontra cinco pares de sapatos que lhe agradam. Todos têm o mesmo preço e são da mesma marca, mas são de estilos diferentes. Como você escolhe aquele que irá levar? Como toma a decisão? A resposta é que você vai comprar os sapatos que o fizerem se *sentir* melhor. Eles elevam sua energia mais que os outros. Você irá levar para casa os sapatos que *adora*, não aqueles de que *gostou*. Outro exemplo é quando você visita a casa de alguém e pensa: *Nossa, que linda! Transmite tanta paz! Adorei esta casa.* É uma casa que ressoa bem com a energia de seus moradores e com a sua energia também. Mas pode acontecer de você visitar uma casa e pensar: *Que papel de parede horroroso! Meu Deus! Como alguém pode ter um quadro desses na parede?* É uma casa que não combina com a sua energia, e provavelmente seus moradores também não. Se pensar em ir para casa ler um livro, aposto que irá se acomodar naquela poltrona *especial*, que você considera a mais confortável, mesmo que haja outras idênticas na casa. Não é a poltrona, e sim a localização dela no campo de energia ao redor que o faz se sentir bem! Se seguirmos a analogia das ondulações na água, a poltrona predileta está localizada no ponto de convergência das ondas, onde elas criam o ponto mais forte de onde elas criam o ponto mais forte de interferência construtiva.

Mais um exemplo: você já enlouqueceu seu parceiro ao mudar todos os móveis da casa de lugar ou de repente achar que tem que trocá-los por novos? Aquela necessidade de mudar de lugar ou de trocar os móveis surge porque você se modificou e a energia da mobília não se harmoniza mais com seu novo campo energético. E talvez você tenha se modificado *tanto* que precise de fato mudar de casa e ir para longe de seu companheiro, porque a casa e ele não estabelecem mais padrões de interferência construtiva em sua vida!

O mais importante é não deixar sua mente racional ignorar o que sua voz interior lhe diz... seja para mudar a disposição dos móveis, livrar-se daquele quadro na parede que o incomoda, trazer alguém novo para sua vida ou, no meu caso, me afastar do vizinho que me causava arrepios. Ao prestar atenção às boas e más vibrações, você melhora sua energia. Ao melhorar sua energia, você melhora sua vida. Mas se, ao contrário, ignorar a importância de identificar as boas ou más vibrações, pode acabar caindo em uma cova de leões ou, pior ainda, ficar preso nela e viver mal o resto da vida.

Mas para nós, humanos, há ainda mais. Com nosso cérebro mais desenvolvido, podemos fazer mais que *ler* ou *interpretar* vibrações; podemos *criar* boas ou más vibrações ao emitir pensamentos. Para a maioria das pessoas, esse pode ser um conceito mais difícil de aceitar do que conexão espiritual, Feng Shui ou interferência construtiva/destrutiva. Isso ocorre porque nos acostumamos com a noção de que nossos pensamentos residem na cabeça, em especial naquelas noites em que as preocupações nos tiram o sono. A verdade é que nosso cérebro tanto envia mensagens para o ambiente quanto reage aos sinais que o ambiente emite. A medicina moderna estuda essa troca de sinais para efeito de diagnósticos e tratamento. Você com certeza conhece a eletroencefalografia (EEG), na qual sensores com fios são colocados sobre o couro cabeludo para ler a atividade elétrica do cérebro. A magnetoencefalografia faz a mesma coisa; a única diferença é que o equipamento usado para ler a atividade eletromagnética do cérebro nem sequer toca o corpo do paciente! Essa tecnologia não invasiva, usada para pesquisa cognitiva e também para propósitos de diagnóstico, como localizar tumores antes de cirurgias, funciona porque o cérebro gera campos de energia *fora* do crânio.

Outra tecnologia médica não invasiva, a estimulação magnética transcraniana (EMT), gera um campo magnético fora da cabeça para induzir atividade elétrica nas partes específicas do cérebro que se deseja avaliar.[2] Em um estudo de 2003, pesquisadores australianos descobriram que, ao utilizar a EMT para estimular a atividade neural da área ativa do cérebro de pessoas autistas com altos níveis de inteligência, conseguiam aumentar a capacidade de desenhar em alguns deles.[3] Em 2000, pesquisadores da Universidade de Yale descobriram que a EMT reduz alucinações auditivas em esquizofrênicos.[4]

O uso mais comum da EMT é para tratar casos de depressão resistente a outras terapias. Mais de 30 estudos publicados mostram que a EMT pode ajudar no tratamento de casos mais resistentes de depressão, o que levou o Food and Drug Administration (FDA) a aprovar o primeiro dispositivo de EMT para tratamento de depressão em 2008. Em 2012, um estudo publicado em Depression and Anxiety [Depressão e Ansiedade], da Wiley Online Library, nos Estados Unidos, confirmou a eficácia da EMT no tratamento clínico de transtorno depressivo maior (TDM). O relatório, que contém dados coletados de 42 clínicas que usam EMT nos Estados Unidos e trataram 307 pacientes com TDM, indica uma taxa positiva de

---

[2] Mark Hallett, *"Transcranial Magnetic Stimulation and the Human Brain"* [Estimulação Magnética Transcraniana e o Cérebro Humano], Nature, vol. 406, n. 6792 (Julho de 2000).
[3] Allan W. Snyder e outros, *"Savant-like Skills Exposed in Normal People by Suppressing the Left Fronto-temporal Lobe"* [Habilidades de Síndrome de Savant Expostas em Pessoas Normais pela Supressão do Lobo Temporal Esquerdo], Journal of Integrative Neuroscience, vol. 2, n. 2, (Dezembro de 2003).
[4] R. E. Hoffman e outros., "Transcranial Magnetic Stimulation and Auditory Hallucinations in Schizophrenia" [Estimulação Magnética Transcraniana e Alucinações Auditivas na Esquizofrenia], The Lancet, vol. 355, n. 9209 (25 de março de 2000).

58% entre os pacientes e uma taxa de remissão de 37%.[5] Fica claro, com essa tecnologia (eletroencefalografia, magnetoencefalografia e EMT), que o cérebro gera e reage a "campos" de energia que podem influenciar o comportamento das células e a expressão dos genes, alterando nossa percepção, humor e comportamento; e também o campo da mente responsável pela liberação e disseminação de neuropeptídeos e outros neurotransmissores que controlam a atividade celular e genética. A influência do campo mental fica ainda mais evidente com o efeito placebo, em que a cura é obtida pela *crença* mental de que a droga ou o procedimento médico é eficaz, embora a drágea seja apenas de açúcar ou o procedimento em si não tenha qualquer valor científico.

Para entender melhor o potencial do poder de nossos pensamentos e crenças, vejamos outro exemplo de mecânica quântica, a "não localidade", à qual Einstein muito apropriadamente chamava de "ação fantasmagórica à distância". O que ocorre é que, quando uma partícula quântica interage (ou, em linguagem quântica, "se emaranha" ou "se entrelaça") com outra partícula, independentemente de ela estar próxima ou a quilômetros de distância (um processo "não local"), seus estados mecânicos se conectam. Se, por exemplo, uma partícula rotacional (em forma de tornado) gira em sentido horário, seu parceiro análogo irá girar na direção oposta, ou seja, em sentido anti-horário. Partículas quânticas também possuem uma polaridade direcional, que pode apontar para cima ou para baixo. Quando a polaridade de uma partícula aponta para cima, a polaridade de seu parceiro aponta para baixo. Não importa a distância que os separe; quando a polaridade ou a rotação de uma delas se modifica, a da outra também irá mudar de modo simultâneo, mesmo que uma esteja em Paris e a outra em Beijing.

---

5 Women & Infants Hospital, *"Efficacy of Transcranial Magnetic Stimulation for Depression Confirmed in New Study"* [Eficácia da Estimulação Magnética Transcraniana para Depressão Confirmada em Novo Estudo], *ScienceDaily* (26 de julho de 2012), www.sciencedaily.com/releases/2012/07/120726180305.htm.

Físicos e pesquisadores criaram diversas explicações para ajudar cientistas e o público leigo a entender a questão da não localidade, um conceito realmente estranho quando se pensa em termos de mundo material. O físico Luming Duan, da Universidade de Michigan, criou uma espécie de cassino quântico com duas roletas entrelaçadas. Se a bola de uma delas cai em um buraco preto, a bola da outra irá cair em um buraco vermelho.[6]

Enquanto os físicos estabeleceram que as partículas quânticas influenciam umas às outras não localmente, e criaram conceitos para explicar o fenômeno, pesquisadores da área de parapsicologia começaram a pesquisar se as mentes humanas, assim como as partículas quânticas, também se "emaranham" de maneira não local. E, sim, elas se conectam! O mais engraçado é que o fenômeno é bem conhecido entre físicos, praticantes de cura energética, pais e até casais que conseguem sentir, com precisão, quando algo de errado acontece com seus filhos ou parceiros, mesmo que estejam em outra cidade ou país. O físico Amit Goswami afirma que sua pesquisa, na Universidade do México, o levou à "inevitável" conclusão de que as mentes humanas se conectam à distância: "A não localidade quântica também ocorre entre cérebros".[7] Em uma das experiências feitas na Universidade do México, duas pessoas praticaram meditação uma ao lado da outra dentro de uma câmera Faraday eletronicamente blindada, durante 20 minutos, com a intenção de atingir um estado meditativo compartilhado. Depois, os meditantes foram colocados em duas câmaras separadas, primeiro a três metros de distância uma da outra e depois a 14,5 metros, e conectados a máquinas de EEG. Diante de um dos meditantes foi colocada uma lâmpada vermelha que piscava periodicamente,

---

6 L.-M. Duan, "*Quantum Correlation Between Distant Diamonds*" [Correlação Quântica entre Diamantes Distantes], *Science*, vol. 334, n. 6060 (2 de dezembro de 2011).
7 Amit Goswami, "'*Quantum Physics, Consciousness, Creativity and Healing' with Amit Goswami [part 1 of 3]*" ["Física Quântica, Consciência, Criatividade e Cura" com Amit Goswami – parte 1 de 3], Institute of Noetic Sciences, Audio Lectures (2006), 00:39:58, [https://ionsflathead.org/quantum-physics-consciousness-creativity-and-healing/].

induzindo uma onda cerebral de padrão único chamada "potencial evocado". Em um a cada quatro casos do estudo, o cérebro do outro meditante se "emaranhou" com o do parceiro, ou seja, produziu *simultaneamente* um padrão de onda cerebral de potencial evocado, embora ele/ela não visse e nem mesmo soubesse que havia uma luz piscando diante do outro participante.[8]

O emaranhamento vibracional é um componente essencial da "Lei da Atração" e também de uma lei menos mencionada, porém mais relevante em termos pessoais: a "Lei da Repulsão". Essas leis explicam o que você atrai ou repele em sua vida. Para ilustrar a forma como essas leis atuam, costumo usar dois objetos bastante comuns: um diapasão e quatro taças de cristal, mostrados na Figura A. Cada uma dessas taças vibra em uma frequência diferente, que denominarei W, X, Y e Z, pois cada uma delas é composta de uma combinação diferente de átomos. Na Figura B, ativarei o diapasão, que é feito para vibrar em uma frequência X. Assim como a voz potente de um cantor afinado, as vibrações de energia do diapasão se emaranham e interferem diretamente nos átomos X da taça, amplificando sua energia e fazendo com que ela vibre cada vez mais rápido. O poder de vibração gerado pelos átomos energizados é tão grande que a taça explode! É o tipo de interferência direta que você sentiu em sua lua de mel, quando sua energia e a de seu parceiro se emaranharam da maneira mais harmoniosa.

Neste momento, você deve estar pensando: *Se é assim tão fácil, vou comprar um diapasão e consertar meu mundo!* A boa notícia é que você não precisa comprar; você já tem um diapasão. Os pensamentos que seu cérebro transmite funcionam como um sofisticado diapasão, bem mais eficiente que um diapasão comum.

---

[8] J. Grinberg-Zylberbaum e outros, *"The Einstein-Podolsky-Rosen Paradox in the Brain: the Transferred Potential"* [O Paradoxo Einstein-Podolsky-Rosen no Cérebro: o Potencial Transferido], *Physics Essays*, vol. 7, n. 4 (Dezembro 1994).

Para exemplificar o poder de nosso cérebro-diapasão, vamos associar imagens de diferentes "energias" emocionais a cada uma das quatro taças nas ilustrações a seguir. Na imagem da taça W, temos a foto de um casal enfurecido, gritando um com o outro. Na taça X, temos a foto de um casal enamorado, em lua de mel, desfrutando de um jantar romântico. A taça Y mostra um cenário problemático do tipo "onde eu estava com a cabeça quando me envolvi com este cara?". E a taça Z mostra um casal em guerra, culpando um ao outro diante de um juiz.

Dadas essas opções, é fácil escolher a taça X. Então, vamos nos concentrar nela, só que agora sem um diapasão físico, e sim usando os pensamentos gerados por nosso diapasão mental. Utilizando interferência construtiva, seus pensamentos poderão atrair experiências de vida compatíveis com as imagens criadas por sua mente. Concentre-se na foto da taça X e nas emoções dos momentos/dias/semanas/meses/anos em que você viveu plenamente o Felizes para Sempre. Esqueça o homem que a abandonou depois de você ter pago os estudos dele para se formar como advogado. Esqueça a mulher que o deixou para ficar com o milionário. Elimine de sua mente as imagens das taças W, Y e Z. A intenção é que você não estabeleça interferência construtiva com essas imagens. Não vai querer que elas se manifestem em sua vida! As imagens das taças W, Y e Z não são ativadas por seus pensamentos, ao contrário da imagem da taça X. Quando nossos pensamentos se identificam com essa imagem, o cenário harmonioso de um casal feliz acaba se manifestando em nossa vida. A analogia das taças ilustra a importância de mudarmos nossos pensamentos e emoções de medo, negatividade e raiva, cultivando pensamentos e emoções positivas, se quisermos estabelecer o Efeito Lua de Mel em nosso dia a dia. Pense: quais imagens das taças fazem mais parte de sua realidade? Se a resposta for *todas, menos* a taça X, analise seus sentimentos. Você mesmo cria a visão de vida/taça que deseja para si mesmo, pois os pensamentos que emite refletem com exatidão aquilo que deseja atrair para sua vida. Se raiva é o que você emite quando pensa em seus relacionamentos anteriores, é inevitável acabar tendo mais relacionamentos do mesmo tipo. Mas, se passar a evitar esses pensamentos e imagens negativos, é bem provável que eles deixem de surgir em sua vida.

Predadores animais e humanos instintivamente compreendem essa regra. Tome como exemplo o leão que mencionei no início deste capítulo. Diferentemente de caçadores humanos, ele não irá procurar a gazela com chifres maiores para exibir como troféu na parede de seu escritório! Sua intenção é se alimentar. Ele observa o grupo e identifica a gazela *mais frágil* com que possa se emaranhar; aquela que irá oferecer menos resistência e lhe proporcionar um jantar mais rápido. Humanos também fazem isso quando não estão caçando por esporte. Ladrões, por exemplo, escolhem vítimas que emitem energia de medo ou de distração (embora às vezes acabem se enganando e escolhendo a presa "errada", que decide lutar bravamente em defesa própria, da qual jamais se esquecerão). Veja bem: não é a roupa ou a aparência das vítimas; é a energia que elas emitem. Apesar de todos os defeitos de meu vizinho predador, ele era um excelente ator e tinha ótimo faro. Sentiu que eu não o afastaria, como deveria ter feito. Se eu não estivesse emitindo vibrações ambivalentes, ele teria desistido logo no início e ido procurar uma presa mais fácil.

Uma série interessante de experiências realizadas pela antropóloga e pesquisadora de parapsicologia Marilyn Schlitz, diretora do Institute of Noetic Sciences, e pelo psicólogo inglês Richard Wiseman, cético em relação à parapsicologia, sugerem que a maneira de pensar dos pesquisadores tem um papel importante mesmo nos experimentos científicos mais rigorosos. Richard Wiseman e Marilyn Schlitz trabalharam em conjunto em estudos para determinar se as pessoas conseguem detectar quando alguém está olhando para elas mesmo que não estejam vendo. Os experimentos mostraram que, quando Marilyn estava observando a pessoa, obtinha-se um resultado estatístico significativo, mas, quando Richard a observava, não se registrava qualquer efeito.[9] Para quem leu *A Biologia da Crença*, isso não é surpresa. Marilyn já iniciava os experimentos com a *crença* de que iriam funcionar, e por isso eles funcionavam. Já Richard, *descrente* quanto ao assunto, iniciava partindo do

---

9 Marilyn Schlitz *et al.*, "Of Two Minds: Skeptic-Proponent Collaboration within Parapsychology" [Colaboração de Defesa Cética dentro da Parapsicologia], *British Journal of Psychology*, vol. 97 (2006).

pressuposto de que não funcionaria e, devido a essa crença, o experimento não funcionava.

Agora você deve estar pensando (negativamente): *Bem, então o Efeito Lua de Mel nunca irá funcionar comigo, pois minhas crenças são todas negativas, resultado de tudo que já vivi.* Ainda que você seja o típico "do contra", tenho *boas* notícias. Mesmo que seus relacionamentos tenham sido um desastre após o outro e que ainda sofra cada vez que se lembra deles, vamos fingir por alguns instantes. Quando você modifica seu foco de pensamento e se concentra no amor, no apoio emocional e nos relacionamentos mostrados na taça X (mesmo que pareça uma cena de um planeta desconhecido ou de uma lua de mel que você teve durante uma semana em um passado distante), você *pode* atrair esse tipo de relacionamento para sua vida. E pode atrair esse relacionamento mesmo que nunca tenha tido uma experiência assim. Mas, se continuar a chafurdar no tipo de imagem e experiências mostradas nas outras taças, elas continuarão a ser o único tipo de relacionamento que você terá. E, se isso parece vitimismo, pode ter certeza de que não é. Se não temos consciência da maneira como nossos pensamentos e crenças influenciam nosso mundo, como podemos ser "culpados" ou "condenados" por nossas ações do passado? Não existe *julgamento, culpa* ou *vergonha* nessas experiências do passado por uma simples razão: estas palavras deprimentes se aplicam *exclusivamente* a quem sabe como esse mecanismo funciona e que, mesmo de posse desse conhecimento, decide se comportar de maneira destrutiva para consigo mesmo ou para com outras pessoas.

Veja, o propósito de eu lhe apresentar a nova ciência não é lhe dar motivo para se afundar ainda mais na culpa pelo passado que criou. E, como já deve ter percebido, fazer isso só irá atrair ainda *mais* culpa para sua vida! O motivo de eu lhe apresentar essa informação é ajudá-lo a perceber o imenso poder que você tem. Conhecimento é poder, e com essas informações você pode criar a vida e os relacionamentos que escolher *de agora em diante*. A partir deste momento, pode se permitir e aproveitar toda a energia vibrante do Universo que o físico Richard Conn Henry, da Universidade John Hopkins, prega: "O Universo é mental e espiritual, não material. Portanto, viva e divirta-se".[10] Viva e aproveite o fato de ser criador, e não vítima de sua vida. Você pode ter os tipos de relacionamento que desejar se utilizar seu cérebro como um diapasão para vibrar de acordo com aquilo que quer criar e, ao mesmo tempo, para evitar pensar naquilo que não deseja mais em sua vida. Você é quem manifesta sua existência. Tem liberdade de criar aquilo que desejar.

Antes de passar ao próximo capítulo, sobre a bioquímica do amor, vou responder a uma pergunta sobre vibrações positivas em que você provavelmente deve estar pensando. Será que as boas vibrações não atraem sexo em vez da eterna Lua de Mel que tanto buscamos? Sim, isso se aplica aos organismos mais rudimentares da cadeia evolutiva, mas não a seres humanos. Claro, eu seria o último a dizer que sexo é algo negativo. Sexo é bom, muito bom, e não apenas para a sobrevivência das espécies. Só que nosso objetivo, quando dizemos Felizes para Sempre, não é apenas sexo. O objetivo é ter sexo com alguém que seja nosso parceiro de verdade. Como animais que se encontram no topo da cadeia evolutiva, não podemos simplesmente acatar ordens de genes e hormônios. Quando vivemos de cama em cama, passando repetidamente de sexo a solidão (e falo por experiência própria), o sexo acaba se tornando uma mera sessão de treino físico em academia, com direito a todos os aparelhos, e acaba quase sempre com a sensação de que falta algo mais.

Você já pode ter ouvido alguém dizer que, por sermos parentes próximos dos animais mais rudimentares na escala evolutiva, não somos programados para relacionamentos monogâmicos do tipo Felizes para Sempre. Isso é porque nos anos 1990, com a identificação mais detalhada do DNA, os cientistas

---

10 Richard Conn Henry, "*The Mental Universe*" [O Universo Mental], Nature, vol. 436, n. 7047 (7 de julho de 2005).

concluíram que pares monogâmicos não são necessariamente monogâmicos em termos de sexo. Assim como nos testes de DNA, que identificam os pais verdadeiros nos casos judiciais de paternidade, as pesquisas também indicaram que ainda há falta de pais identificados: "A situação atingiu tal ponto que se observou *impossibilidade* de encontrar evidências de cópula extraconjugal em espécies ostensivamente monogâmicas, ou seja, casos em que espécies monogâmicas se mostraram efetivamente monogâmicas...", segundo David P. Barash e Judith Eve Lipton em *The Myth of Monogamy (O Mito da Monogamia)*.[11]

Vejamos uma história de amor entre gazelas no melhor estilo Romeu e Julieta, publicada na revista *Scientific American* em 1847:

> Um exemplo curioso de afeição no reino animal que terminou de forma trágica ocorreu semana passada na casa de campo do Barão Gauci, em Malta. Uma gazela fêmea faleceu subitamente devido à ingestão de algo que a envenenou. O macho se colocou ao lado do corpo dela, atacando com cabeçadas qualquer um que tentasse se aproximar. Então, de repente, deu um grande salto, batendo com violência a cabeça no muro e caindo morto ao lado da companheira.

Em 2011, a *Scientific American* revisou o conteúdo do artigo de 1847, publicando uma nova versão em um blog: "Por mais romântica que essa história possa parecer, diz o segundo autor, o mais provável é que a gazela macho tenha sido vítima do mesmo veneno que a gazela fêmea do Barão Gauci ingeriu ou de um salto mal calculado para afastar um "predador" humano que possa ter se aproximado.[12] A verdade nua e crua é que seria muito improvável que uma gazela macho se sacrificasse pelo

---

11 David P. Barash e Judith Eve Lipton, *The Myth of Monogamy* [O Mito da Monogamia] (New York: W. H. Freeman, 2001).
12 Mary Karmelek, "Was This Gazelle's Death an Accident or a Suicide?" [A Morte dessa Gazela foi Acidente ou Suicídio?], *Scientific American* (24 de maio de 2011), http://blogs.scientificamerican.com/anecdotes-from-the-archive/2011/05/24/was-this-gazelles-death-an-accident-or-a-suicide.

amor de sua vida". Durante a época de acasalamento, as gazelas machos demarcam seu território e mantêm relações com *todas* as fêmeas adultas que entram nele. E também é comum ver esses machos se aventurarem no território de outros para acasalar. Porém, independentemente do número de animais que praticam a monogamia (e entre os que têm relacionamentos mais monogâmicos estão o abutre-negro, o pica-pau-de-topete-vermelho e o camundongo da Califórnia), creio que o grande salto evolucionário que nossos cérebros tiveram acabaram nos distanciando deles. Ainda assim, muitas vezes penso que os humanos estão longe de estar no topo da cadeia evolucionária. Basta olhar para trás e observar tudo que já fiz na vida para concluir que tenho menos bom senso que uma gazela. Quando estava no Caribe, no auge de minha fase de desespero para encontrar uma companheira, convidei um casal para se hospedar em minha casa e logo percebi que se tratava de um típico par de seres disfuncionais. Se eu tivesse tirado fotos dos dois, seria algo idêntico às taças W, Y e Z. Eles passavam o tempo todo brigando e gritando um com o outro. O simples fato de chegarem a gritar já era mais que um indício de que não deveriam mais estar juntos. No entanto, depois da última e pior briga, que encerrou definitivamente aquele relacionamento, a mulher me perguntou se eu gostaria de me relacionar sexualmente com ela. Ignorando minha intuição, que gritava para eu me afastar, levei a situação para o lado racional pensando que, afinal, eu não estava destruindo um relacionamento feliz. Minha resposta foi: "Por que não?"

Bem, vou explicar por que não! Acabei me envolvendo com a energia daquela mulher a tal ponto que poderia escrever um livro inteiro sobre interferência destrutiva. Quando o ex-marido dela foi embora, eu fui o único que sobrou ali para ela ter com quem brigar. E eu não poderia ser o sujeito mais errado para isso. Sou do tipo não abusivo e que detesta confrontos. Ela foi à beira da loucura, pois não queria um relacionamento melhor que o anterior; queria um relacionamento com muitas brigas. Quanto a mim, jamais me arrependi tanto de algo na vida. Meu medo de confrontos limitava minhas opções, e eu não conseguia imaginar como me livrar dela. Estávamos no meio do oceano, em uma pequena ilha. Para onde ela iria? Então, a pequena ilha de Granada foi ficando cada vez menor e acabei me tornando um prisioneiro dentro de minha própria casa. Paul Simon provavelmente escreveu a música "50 Ways to Leave Your Lover" [50 Maneiras de Deixar Alguém] porque mora na grande Nova York, onde é bem mais fácil se desembaraçar de relacionamentos assim. No meu caso, as 50 maneiras dele não eram suficientes. Criei então uma 51ª maneira: comprar duas passagens para Nova York, sendo que só a minha era de ida e volta. Moral da história: "Cuidado com aquilo que deseja!" Inconscientemente, *escolhi* ser guiado apenas por meus hormônios. Mas podia ter feito uma escolha diferente. Se considerarmos os seres humanos apenas como máquinas biológicas, a luxúria é quem manda (e foi isso que aconteceu comigo durante um bom tempo). Porém, agindo com consciência, *você* é que detém o controle da máquina. E com a vantagem de deixar de ser tão previsível. Até os astrólogos reconhecem que, quando os indivíduos se tornam conscientes, a astrologia deixa de ser tão precisa porque eles se tornam menos previsíveis. Ao invés de reagir automaticamente ao campo energético ao redor, que inclui as ondas e a influência dos planetas, podemos modificar nossa vibração e resposta às vibrações dos outros. Então podemos parar de dizer "eu *só* me envolvo com homens que têm medo de relacionamentos" ou "eu *só* me envolvo com mulheres que acabam me abandonando". Criamos nossa vida com base em nossas crenças e impregnamos essas crenças no campo energético ao nosso redor. E também criamos nossos relacionamentos. Quando tomamos consciência disso, temos a liberdade de criar qualquer tipo de relacionamento que quisermos! Sendo assim, você deve estar se perguntando por que meu pensamento positivo a respeito de meu vizinho predador não funcionou. Naquela época, eu ainda dava os primeiros passos no sentido de usar meu cérebro como um diapasão. Ainda tinha muito que aprender! Criar os relacionamentos que você deseja é complicado. Eu ainda não entendia totalmente o poder que o subconsciente tem de subverter até nossas melhores intenções. Hoje domino melhor a técnica de atrair o que desejo para minha vida. Já consigo interpretar as energias negativas e consegui estabelecer um relacionamento "feliz para sempre". Por isso posso dizer que, apesar de todas as manchetes sobre os casamentos absurdamente disfuncionais de grandes celebridades e de tantos exemplos de seres humanos que permitem que seus genes e hormônios controlem seu comportamento, é possível gerar um nível mais alto de amor. Quando você entende o poder das boas vibrações e altera os pensamentos para que eles passem a ser como a imagem da taça X, está no caminho definitivo para criar o estado de "feliz para sempre" em sua vida.

CAPÍTULO 3

Poções de amor

> Toma este jarro e marque bem minhas palavras. Esconde-o bem para que fique longe de olhos ou lábios cobiçosos. Quando chegar a noite de núpcias, no momento em que o casal for deixado a sós, ofereça um cálice deste vinho ao Rei Mark e à Isolda, sua rainha. Oh! Mas tenha muito cuidado, minha querida. Somente eles deverão beber deste preparado. Pois aí está o poder: os dois que tomarem juntos esta bebida amarão um ao outro com todas as suas forças e só terão olhos um para o outro, eternamente, na vida e na morte.
> — *O Romance de Tristão e Isolda*, de autoria de Joseph Bédier

Todos que conhecem a história trágica de amor e adultério da princesa irlandesa Iseult (mais conhecida como Isolda) e Tristão, o guerreiro de uma província inglesa, sabem que o "vinho com essências" de flores e ervas, preparado para o tio do guerreiro, mas ingerido acidentalmente por ele e pela princesa, funcionou muito bem. Popularizada pelos poetas franceses da

Idade Média, a história da paixão de Tristão e Isolda, oriunda de uma poção afrodisíaca, é apenas um exemplo da fama dessas poções ao longo da história. O teólogo e ocultista Albertus Magnus descreveu em seus textos uma mistura preparada com o cérebro de uma perdiz reduzido a pó e misturado a vinho tinto. Galeno, o médico da corte do imperador Marco Aurélio, no século II, recomendava que se tomasse, antes de dormir, uma taça de mel puro com amêndoas e cem grãos de pinho. Henrique VI recomendava vinho Amagnac do sudoeste da França. Cleópatra não deixava de tomar sua mistura de pérolas dissolvidas em vinagre. E o *Jardim Perfumado*, um manual de técnicas eróticas árabes escrito no século XVI pelo xeique al-Nefwazi, continha uma receita de ervilhas frescas fervidas com cebola e temperadas com canela, gengibre e sementes de cardamomo bem trituradas. Outra receita árabe é uma mistura da raiz indiana galanga misturada com cubeba (pequenos grãos parecidos com os de pimenta, oriundos de Java), *Thymelaea hirsuta*, cardamomo, noz-moscada, *gilliflower* (um tipo de cravo), cardo indiano, sementes de louro, cravo-da-índia e pimenta persa dissolvidos em um caldo de pombo ou galinha-d'angola, ingerida duas vezes ao dia, pela manhã e à noite, precedida e seguida de ingestão de água. E a menos apetitosa de todas é uma receita recitada pelo poeta romano Propertius, que incluía ossos de cobra, um sapo e penas de coruja.

Sob o ponto de vista da bioquímica, o amor também é composto de poções. Porém, sem querer desrespeitar a lenda de Tristão e Isolda ou as demais poções desse tipo criadas ao longo da história da humanidade, as que irei mencionar aqui são infinitamente mais sofisticadas. Trata-se de coquetéis neuroquímicos e hormonais primorosamente calibrados que percorrem todo o seu corpo cada vez que você se apaixona ou se desencanta por alguém. Sim, o que estou dizendo é que, em certa medida, o Efeito Lua de Mel é uma substância que causa dependência química, e esse é o motivo pelo qual nos sentimos tão mal quando ele acaba. Basta o objeto de nosso grande amor nos abandonar enquanto ainda estamos bioquimicamente "embriagados". O resultado é como aquele que descrevi anteriormente, em que me encontrava arrasado, sentado em uma cadeira naquela casa vazia, sofrendo por meu amor perdido.

Neste capítulo vou falar sobre os hormônios e elementos químicos que explicam a ansiedade, a perda de apetite e a euforia que caracterizam o amor humano. Essas poções químicas de amor nos induzem a buscar parceiros sexuais, nos fixar em alguém específico e estabelecer com a pessoa uma relação que dure tempo suficiente para que os recém-nascidos mais indefesos do mundo animal completem, minimamente, os primeiros anos de vida. Claro, nem sempre é assim. Estamos falando de seres humanos apaixonados, não de equações científicas, como diria Puck, a criatura mágica do conto de Shakespeare, ao se referir a humanos enamorados: "Deus, como são tolos esses mortais!"

E, antes de eu descrever a bioquímica do amor, quero enfatizar que, apesar da opinião desdenhosa de Puck sobre os mortais apaixonados, nós humanos não temos que ser escravos de nossos elementos neuroquímicos ou dos hormônios! Somos seres "autobiólogos" e *criamos*, pelo padrão de nossos pensamentos, as poções de amor que controlam as células e os tecidos de nosso corpo. Sim, é o efeito da famosa conexão mente-corpo, até pouco tempo negada, ignorada e subestimada pela ciência convencional.

Como simplificar a conexão mente-corpo

Em 1967, iniciei meus primeiros ensaios com a clonagem de células-tronco. Com a ajuda de um microscópio, observei células em uma cultura de tipos variados em busca de células-tronco diferenciadas por seu formato distinto de eixo. Quando encontrei uma de formato ideal, inseri ao redor dela um minúsculo anel de vidro, separando-a do restante. Depois, usei enzimas para retirá-la da placa de Petri onde se encontrava, transferi-la para outra placa e estabelecer uma cultura isolada. Células são como peixes, vivem em um ambiente aquoso; sendo assim, uma placa com cultura é como um aquário em miniatura. O meio em que vive um tecido celular é uma solução quimicamente balanceada que permite crescimento e viabilidade, sendo o ambiente perfeito para as células. Desenvolvi um ambiente com um potente coquetel de sais e nutrientes que permitia às células-tronco crescer e se reproduzir. A célula-tronco que inseri nesse ambiente iniciou um processo de divisão a cada dez horas. Em pouco tempo havia duas, quatro e, depois de uma semana, mais de 50 mil células na placa de Petri. E, como todas foram geradas a partir de uma célula-mãe, eram geneticamente idênticas.

Mas é a partir desse ponto que a experiência tomou proporções incríveis. Dividi a população de células e as coloquei em três placas de cultura diferentes, como mostra a ilustração a seguir. Cada uma delas tinha um "ambiente" próprio, um meio de cultura distinto com composições químicas diferentes. Em uma das placas, as células formaram músculo (A); na outra, osso (B); e, na terceira, gordura (C).[1]

---

[1] (a) Harry E. Wedeck, *A Dictionary of Aphrodisiacs* [Dicionário de Afrodisíacos] (New York:Evans & Company, Inc., 1992). Bruce H. Lipton, "A Fine- Structural Analysis of Normal e Modulated Cells in Myogenic Culture" [Uma Análise Estrutural Detalhada das Células Normais e Moduladas na Cultura Miogênica], *Developmental Biology*, vol. 60 (1977). (b) ———, "Collagen Synthesis by Normal e Bromodeoxyuridine-treated Cells in Myogenic Culture" [Síntese de Colágeno de Células Normais e Tratadas com Bromodeoxiuridina na Cultura Miogênica], *Developmental Biology*, vol. 61 (1977).

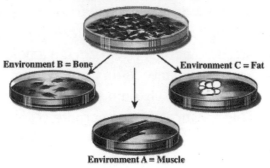

A questão primordial a que esse experimento respondeu foi: "O que controla o destino das células?" É importante lembrar que as células eram geneticamente idênticas no início, portanto os genes não tinham como controlar os diferentes destinos de cada uma delas! Sim, foram o ambiente e o meio de cultura que determinaram a expressão das células. O destino e a saúde das células são um complemento de seu ambiente, um princípio descrito no livro *A Biologia da Crença* (e também como referência à frase de James Carville durante a campanha presidencial de Bill Clinton): "é o ambiente, sua anta!"

Meu mentor Irv Konigsberg, um dos primeiros biólogos celulares a dominar a arte de clonar células-tronco, deu-me a dica logo no início de minha carreira. Quando comecei a clonar células, ele me disse que, quando as culturas de células não estão tendo sucesso, a primeira coisa a fazer é procurar o problema no meio de cultura, não nas células em si. Um ambiente saudável gera células saudáveis; um ambiente enfermo gera células doentes. Todos os meus experimentos que confirmavam "é o ambiente, sua anta!" precederam o atual avanço da epigenética ("acima" da genética) que, estudo após estudo, documenta o fato de que o ambiente é que controla a atividade dos genes. Finalmente a ciência tradicionalista reconheceu que os genes *não* determinam o futuro das células.

Mas o que esses estudos têm a ver com você? Ao se olhar no espelho, você vê a imagem de um organismo único refletida, olhando para você. No entanto, como mencionei no Capítulo 1, essa percepção é incorreta. Não somos organismos únicos; somos constituídos de 50 trilhões de células! A melhor definição seria a de que um ser humano é uma comunidade de organismos vivos, as células. Ou, para ser mais específico, um ser humano é uma placa de cultura de organismos de 50 trilhões de células "coberta por pele". Nosso sangue é o meio de cultura, o meio ambiente de controle das células de nossa placa de cultura sob a pele.

Na verdade, não faz diferença para o destino de uma célula o fato de ela estar sobre uma placa *plástica* de cultura, dentro de um laboratório, ou coberta por *pele*. Seja como for, sua vida é controlada pelo meio em que ela se encontra. Como biólogo celular, fui responsável por controlar a química de minhas células nas placas plásticas de cultura. Como o "autobiólogo" ilustrado na figura a seguir, pode-se ver que você é quem controla a química do seu próprio meio de cultura: o sangue, a nutrição e o funcionamento do seu cérebro. Quando sua mente capta a experiência do amor, ela faz com que o cérebro despeje elementos neuroquímicos como dopamina, oxitocina e hormônios de crescimento na corrente sanguínea (trataremos disso mais adiante). Quando essas substâncias químicas são lançadas no meio de cultura de células reproduzidas em placas *plásticas,* essas células reagem apresentando um crescimento robusto e saudável. O mesmo ocorre com as células que estão na placa de cultura "sob a pele". Sim, você é um indivíduo muito mais vivo e saudável quando está apaixonado.

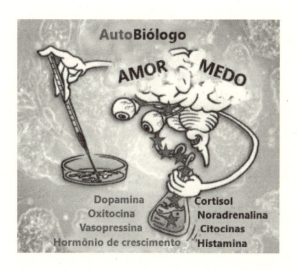

Autobiólogo: enquanto a população do mundo se vangloria de seus biólogos celulares, a grande verdade é que somos todos "autobiólogos". A charge mostra que o cérebro controla a química do meio de cultura do corpo, o sangue. E o sangue, por sua vez, nutre e regula a genética e o comportamento das células do corpo. Os elementos químicos liberados no sangue pelo cérebro complementam as crenças e percepções que temos na mente. Quando modificamos nossa forma de reagir ao mundo, mudamos a composição química de nosso sangue, que regula nossa genética e comportamento. Essa é a base do efeito placebo. (Ilustração de Bob Mueller.)

No entanto, se o cérebro se sente ameaçado no mundo ao redor, não vai liberar as substâncias químicas do amor. Ao contrário: o medo provoca a liberação de hormônios de estresse e agentes inflamatórios como citocinas no sangue. Se adicionarmos essas substâncias a uma cultura de células em uma placa plástica de laboratório, elas fazem com que as células parem de crescer e podem matá-las. A química do estresse atrapalha o crescimento e a manutenção da vida das células, pois a energia do corpo que seria usada para elas passa a se concentrar em mecanismos de proteção. Esse é o motivo pelo qual o estresse é a causa primária das doenças e responsável por até 90% das consultas médicas.[2]

---

2 Lyle H. Miller e Alma Dell Smith, *The Stress Solution* [A Solução para o Estresse] (New York: Pocket Books, 1995).

É importante observar que os hormônios de estresse têm diversas funções e que sua ação depende do tipo de estresse a que o indivíduo é submetido. Há dois tipos de estresse, cada um com consequências bioquímicas diferentes: distresse e eustresse. O distresse ocorre quando sentimos que nossa sobrevivência está sob ameaça. É quando os hormônios de estresse como cortisol e adrenalina nos fazem passar do processo contínuo de crescimento para o processo de proteção para salvar nossa vida em caso de ameaça grave (como um animal vindo nos atacar), ou de maneira gradual e corrosiva, caso se trate de uma ameaça crônica (como o trânsito diário ou um emprego que você odeia).

Já o eustresse, que significa literalmente "estresse positivo", ocorre quando "estressamos" o organismo com comportamentos sem ameaça, como atividades físicas e mentais (do tipo escrever este livro ou apaixonar-se perdidamente!). Os pesquisadores já descobriram que o hormônio de estresse chamado cortisol é liberado não apenas quando estamos correndo de uma avalanche, mas também quando estamos apaixonados. Em 2004, pesquisadores da Universidade de Pisa descobriram que os níveis de cortisol eram "significativamente mais altos" nos participantes que tinham se apaixonado recentemente do que naqueles que não tinham.[3]

Em 2009, pesquisadores da Universidade do Texas observaram que os níveis de cortisol se elevavam nas mulheres que participaram de um estudo quando se pedia a elas que descrevessem seus pares românticos. E que a elevação era "mais pronunciada e relativamente duradoura" naquelas que passavam a maior parte do tempo pensando em seus relacionamentos.[4]

---
[3] D. Marazziti e D. Canale, "Hormonal Changes when Falling in Love" [Mudanças Hormonais de Quem se Apaixona], *Psychoneuroendocrinology*, vol. 29, n. 7 (Agosto de 2004).
[4] T. J. Loving, E. E. Crockett e A. A. Paxson, "Passionate Love and Relationship Thinkers: Experimental Evidence for Acute Cortisol Elevations in Women" [Reflexões sobre o Amor e os Relacionamentos: Evidências Experimentais de Elevações Agudas de Cortisol em Mulheres], *Psychoneuroendocrinology*, vol. 34, n. 6 (Julho de 2009).

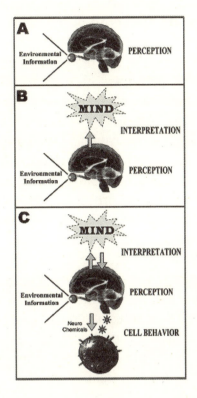 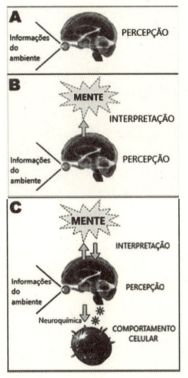

O ABC da biologia mente-corpo. Todos os organismos vivos captam e reagem às informações do ambiente.

A. No processo de percepção, nossos cérebros leem os sinais registrados pelos receptores do sistema nervoso (olhos, ouvidos, nariz, papilas gustativas, temperatura, dor etc.).

B. Com base em instintos e experiências de vida, a mente avalia os sinais e faz uma interpretação ou julgamento de valor de seu significado de acordo com o quesito sobrevivência.

C. A interpretação que a mente faz desses sinais induz o cérebro a liberar substâncias neuroquímicas que induzem o corpo a uma reação positiva de crescimento, a um comportamento de proteção da vida e da segurança, ou a ignorar os sinais caso não sejam relevantes para a sobrevivência. Os elementos neuroquímicos liberados na corrente sanguínea regulam o comportamento das células e, graças à epigenética, controlam a atividade dos genes.

O ABC da biologia mente-corpo: todos os organismos vivos captam e reagem a informações do ambiente. A: no processo de *percepção*, o cérebro capta os sinais do ambiente (sussurros, sons, cheiros, temperatura, dor etc.) que são registrados pelos receptores do sistema nervoso. B: com base no instinto e nas experiências de vida, a mente avalia os sinais recebidos e faz uma *interpretação*, um julgamento de valor de seu significado com relação à sobrevivência. C: essa interpretação que a mente faz dos sinais induz o cérebro a liberar elementos neuroquímicos que fazem o corpo reagir de maneira positiva e estimular o crescimento, ativar comportamentos de proteção da vida ou simplesmente ignorar os sinais porque eles não são relevantes para a sobrevivência. Os elementos neuroquímicos liberados na corrente sanguínea controlam o comportamento das células e, por meio da epigenética, regulam a atividade dos genes. Esteja você completamente apaixonado ou fugindo de algum perigo, sua *mente* calibra a bioquímica de seu sangue que, por sua vez, controla sua biologia e genética. A mente interpreta suas percepções do mundo e seu cérebro entra em ação, produzindo a bioquímica que complementa essas percepções. Veja um exemplo: eu adoro pimenta-jalapenho. Alimentos apimentados ativam minhas papilas gustativas de maneira muito prazerosa. Mas as pessoas me veem comendo esses alimentos picantes e me perguntam, surpresas: "Como você consegue comer *isso*?" Todos temos a mesma percepção (que o alimento é picante), mas a mente de cada um a *interpreta* de forma diferente. Enquanto a química de meu corpo se delicia com a pimenta-jalapenho, a sua pode achá-la horrível.

Para entender melhor a bioquímica do amor, pense agora em seu cérebro não como um diapasão que ressoa de acordo com o vasto campo de energia do Universo, como fizemos no capítulo sobre física quântica. Desta vez, imagine o cérebro como uma boa e velha máquina newtoniana de pintura (o cérebro é um mecanismo incrivelmente versátil. Imaginá-lo de forma única não é suficiente para descrever todo o seu potencial).

E, quando digo uma máquina de pintura, não me refiro àqueles robôs que pintam um cômodo de modo impecável, da parede ao teto (eu bem que queria ter um desses!). Estou falando daquelas máquinas que misturam diferentes cores de tinta para produzir a tonalidade exata que se deseja. Nessas máquinas, uma vasta gama de tons de tinta é armazenada em cilindros. As tintas são, então, esguichadas em quantidades precisas dentro de um galão de tinta branca para produzir exatamente a cor desejada. Não há apenas um tom de vermelho, verde ou azul nos cilindros. São centenas de variações de cada cor de tinta, como um grande arco-íris, disponíveis para o cliente escolher a cor perfeita para sua parede.

Na analogia que faremos agora, o cérebro seria como essa máquina de tinta. Em vez de apenas mesclar diversas cores, o cérebro é uma poderosa *máquina de produção* de *poção do amor*, com uma vasta gama de elementos neuroquímicos e hormônios que os pesquisadores associaram à bioquímica do amor. Na primeira vez que você se apaixona, seu cérebro despeja no sistema um tom de "vermelho-paixão" sob a forma de gotas de testosterona. Satisfeito com o resultado, ele libera então uma dose de "rosa-enamorado", com muita dopamina para motivar a busca de mais prazer com seu objeto de desejo. Quando você se convence de que encontrou a pessoa certa, o cérebro libera uma dose de "lavanda-amor-de-minha-vida", uma mistura poderosa de vasopressina, oxitocina e serotonina para que você fique cada vez mais obcecado com seu Verdadeiro Amor. Então, quando você finalmente elimina as possibilidades de divórcio ou relacionamentos fracassados em sua vida e está livre para viver o Felizes para Sempre, seu cérebro libera uma mistura de "azul-louco-de-paixão" com a quantidade exata do elemento químico oxitocina de aconchego. Já dá para imaginar o resultado, não?

Nossos cérebros têm à disposição diversos "matizes" de ingredientes neuroquímicos que podem ser misturados em proporções variadas para produzir "poções" que nos impelem a encontrar um pretendente e estabelecer com ele um relacionamento estável, de modo que os frágeis bebês tenham chance de sobreviver. Os cientistas ainda têm muito a aprender sobre a composição dessas poderosas poções do amor, mas alguns ingredientes já são conhecidos.

Estrogênio e testosterona: acasalamento

Quando os pássaros e as abelhas "fazem sexo", não é porque estão apaixonados. É mero acasalamento. Tomemos como exemplo as estrelas-do-mar. A fêmea lança seus óvulos na água e o macho lança também seus espermatozoides. Os dois elementos acabam se encontrando na água para formar uma nova geração de estrelas-do-mar. Nada romântico, não? Já o acasalamento humano exige uma troca mais íntima, embora relacionamentos mais longos não exijam acasalamento tão contínuo. Quando se trata apenas de sexo, a testosterona, conhecida por deixar machos-alfa mais interessados em sexo do que em relacionamentos, e o estrogênio, conhecido por manter a fertilidade feminina, desempenham um grande papel.[5]

Embora a testosterona seja mais associada aos homens e o estrogênio às mulheres, os dois hormônios têm função reprodutiva em ambos os gêneros. Machos humanos produzem, em média, dez vezes mais testosterona que as fêmeas. E a realidade é que homens com níveis muito altos de testosterona não são o tipo ideal para o casamento: possuem grande tendência ao divórcio, ao abuso das esposas e a muito mais casos extraconjugais do que homens com níveis menos estratosféricos.[6] Mas a testosterona estimula o desejo sexual em *ambos* os sexos.[7] O

---

5 Theresa L. Crenshaw, M.D., *The Alchemy of Love and Lust: How Our Sex Hormones Influence Our Relationships* [A Alquimia do Amor e do Desejo: Como os Hormônios Sexuais Influenciam Nossos Relacionamentos] (New York: Pocket Books, 1996), 5–6.
6 Ibid.
7 Ibid.

estrogênio atinge picos mais altos durante o período fértil das fêmeas. Os machos produzem, em média, apenas uma fração do estrogênio que elas produzem. Mas os pesquisadores já sabem que o estrogênio tem um papel importante na sexualidade masculina e que permite a maturação do esperma.[8]

Meu exemplo favorito da função complicada do estrogênio e da testosterona em machos e fêmeas é o de um pássaro chamado tentilhão-zebra. Em determinado ponto de seu desenvolvimento embrionário, o tentilhão-zebra macho produz estrogênio, que é então transformado em um hormônio semelhante à testosterona no cérebro, que permite aos machos cantar. Os tentilhões-zebra machos começam a cantar na puberdade e os pesquisadores suspeitam que, da mesma maneira que as fêmeas humanas se desmancham quando seus pretendentes à moda antiga cantam sob sua janela, as fêmeas dos tentilhões-zebra são atraídas pelos machos que as cortejam com seu canto.[9] Os papéis do estrogênio e da testosterona no sistema reprodutivo de machos e fêmeas são, sem dúvida, mais complexos do que se pode imaginar. Mas não há dúvida de que ambos nos incitam a garantir a sobrevivência de nossa espécie.

Dopamina: prazer e desejo

A testosterona e o estrogênio podem nos impelir para o sexo, mas é fato que os seres humanos jamais acasalariam com tanta frequência e gosto para propagar a espécie se ele não fosse tão prazeroso. Isso graças ao neurotransmissor dopamina, o principal

---

8 Liza O'Donnell e outros, "Estrogen and Spermatogenesis" [Estrogênio e Espermatozoides], *Endocrine Reviews*, vol. 22, n. 3 (1 de junho de 2001).
9 Carl Clayton Holloway e David F. Clayton, "Estrogen Synthesis in the Male Brain Triggers Development of the Avian Song Control Pathway *in Vitro*" [A Síntese do Estrogênio no Cérebro Masculino Estimula o Desenvolvimento do Canto de Reprodução – Via de Controle *in Vitro*], *Nature Neuroscience*, vol. 4, n. 2 (Fevereiro de 2001).

elemento químico que nos faz desejar repetir experiências que nos dão prazer. Quando nossos níveis de dopamina estão altos, ficamos agitados: nada de passar a noite sozinhos em casa; queremos sair e fazer algo que seja muito bom.[10]

Não é surpresa o fato de a dopamina ser uma das moléculas mais antigas que existem, já que ela estimula a reprodução. Na verdade, a função da dopamina nos organismos evolucionários mais simples, como alguns microscópicos parasitas, é praticamente idêntica à dos seres humanos. Por isso os pesquisadores da Universidade do Texas estão usando parasitas geneticamente modificados e deficientes em dopamina para desenvolver medicamentos que possam ajudar a tratar a doença de Parkinson, causada por uma perda de células produtoras de dopamina no cérebro.[11] A dopamina é sintetizada na parte mais profunda da área tegmental ventral e depois liberada no núcleo accumbens, que fica na parte anterior do cérebro. Essas são as principais áreas do circuito de prazer/recompensa do cérebro que, como toda pessoa que já teve algum tipo de vício sabe, pode ser uma faca de dois gumes. Ativado por toda a gama de substâncias e atividades associadas ao prazer e potencialmente viciantes para os seres humanos como cocaína, heroína, sexo, jogo, compras e alimentos de altos índices calóricos, o estímulo excessivo desse circuito pode levar a uma ânsia incontrolável e a comportamentos compulsivos e de risco para um viciado.[12]

---

[10] David J. Linden, *The Compass of Pleasure: How Our Brains Make Fatty Foods, Orgasm, Exercise, Marijuana, Generosity, Vodka, Learning, and Gambling Feel So Good* [A Bússola do Prazer: Como nosso Cérebro Faz com que Alimentos Gordurosos, Orgasmos, Exercício, Marijuana, Generosidade, Vodca, Aprendizado e Jogatina Sejam Tão Prazerosos] (New York: Viking, 2011).
[11] Andrés Vidal-Gadea e outros, "Caenorhabditis Elegans Selects Distinct Crawling and Swimming Gaits via Dopamine and Serotonin" [*Caenorhabditis elegans* Apresenta Modo Singular de Rastejar e Nadar através de Dopamina e Serotonina], *PNAS*, vol. 108, n. 42 (18 de outubro de 2011).
[12] Linden, *The Compass of Pleasure* [A Bússola do Prazer].

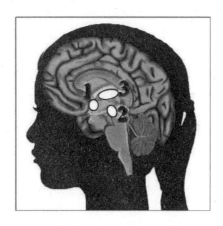

No centro de seu cérebro há centros de controle específicos que estabelecem comportamentos de crescimento e proteção em resposta a estímulos de prazer e dor. Os centros primários abrangem 1: o núcleo accumbens; 2: o tegmental ventral; e 3: o pallidum ventral.

O canto da sereia da dopamina vem sendo exaustivamente demonstrado em experimentos com animais desde os anos 1950. Na maioria deles, ratos com eletrodos implantados na parte do cérebro em que a dopamina é sintetizada são treinados para acionar uma alavanca que estimula incessantemente seus circuitos de prazer/recompensa, cerca de 7 mil vezes por hora. Os ratos acabam preferindo o estímulo de prazer/recompensa e deixando de lado até mesmo água e comida. As ratas abandonam os filhotes recém-nascidos para pressionar a alavanca, exatamente como mães dependentes de *crack*, que deixam de lado seus bebês para se entregar à droga. Os poucos estudos conduzidos em seres humanos identificaram o mesmo fenômeno: diante da possibilidade de escolha, as pessoas submissamente escolheram o estímulo repetido das áreas produtoras de dopamina, abandonando relacionamentos e até a higiene pessoal em favor da substância.[13]

---

13 Ibid.

Mas o que isso tem a ver com o Efeito Lua de Mel? Estudos recentes mostram que é exatamente o circuito de recompensas do cérebro que é ativado quando a pessoa se apaixona perdidamente. São as mesmas áreas que já se observou, em laboratório, tornarem ratos e alguns humanos tão viciados que eles são capazes de trocar qualquer coisa pelas grandes ondas de prazer geradas pela dopamina que o cérebro produz. Em 2000, Andreas Bartels e Semir Zeki, da Universidade de Londres, recrutaram 17 estudantes que estavam apaixonados e escanearam seus cérebros enquanto eles olhavam para uma foto de seus amados ou amadas e depois para a de um amigo ou amiga. O circuito rico em dopamina responsável por prazer/recompensas se iluminava na tela do aparelho quando eles olhavam para a foto do ser amado, mas se mantinha escuro enquanto olhavam para a foto dos amigos. Bartels e Zeki concluíram: "é surpreendente observar como um sentimento tão complexo e avassalador [o amor] pode ser correlacionado de maneira diferente com as atividades de regiões tão restritas do cérebro, e ao mesmo tempo fascinante pensar que o mesmo córtex, responsável pela criação e lançamento de grandes naves e de tecnologia avançada, é tão limitado em termos de tamanho".[14]

Os cientistas podem ter se surpreendido ao descobrir que se apaixonar perdidamente mobiliza os mesmos circuitos cerebrais que inalar cocaína. Mas quem já passou horas ao lado de um telefone esperando uma ligação, largou um emprego para se mudar ou ficar com alguém que amava ou desabou sobre uma cadeira, sem qualquer ânimo para sair dela durante horas após ter sido abandonado pelo ser amado, sabe muito bem do que estamos falando. Para quem está perdidamente apaixonado, o amor é como uma montanha russa. Existe uma linha tênue entre "a melhor coisa que já me aconteceu" ou, enquanto se espera impaciente e obsessivamente pelo próximo passo, "a pior coisa que já me aconteceu".

---

[14] Andreas Bartels e Semir Zeki, "The Neural Basis of Romantic Love" [A Base Neural do Amor Romântico], *NeuroReport*, vol. 11, n. 17 (27 de Novembro de 2000).

E nem chega a ser surpresa o fato de os próprios pesquisadores afirmarem, diante do número de divórcios e separações que ocorrem no mundo, que essa montanha-russa costuma durar um ou dois anos, no máximo. Mas isso não significa que o Efeito Lua de Mel não possa ser algo duradouro. Quando os pesquisadores escanearam os cérebros de 17 homens e mulheres que afirmavam ainda amar seus parceiros após uma média de 21 anos de casamento, as áreas ricas em dopamina de seus cérebros, associadas a recompensa e motivação, se acendiam exatamente como as das pessoas que tinham acabado de se apaixonar. Os pesquisadores afirmaram: "tais dados sugerem que o valor de recompensa associado a um parceiro de longa data pode ser mantido, da mesma forma que em relacionamentos recém-iniciados". Mas o estudo também indicou "muito mais regiões do cérebro" envolvidas em relacionamentos românticos intensos de longa duração do que em relacionamentos de início recente, incluindo áreas ligadas à conexão e àquelas que modulam ansiedade e dor. Isso sugere que relacionamentos amorosos mais longos apresentam vantagens: "As presentes descobertas alinham-se com as observações comportamentais segundo as quais a maior diferença entre o amor romântico nos estágios iniciais e nos estágios finais é que nestes se observa maior sensação de calma", concluem os pesquisadores.[15] O prazer da dopamina se associa ao estado de calma que um relacionamento longo e sólido proporciona. E isso, para mim, equivale a Felizes para Sempre!

Vasopressina: conexão e agressão

Na maioria das espécies, machos e fêmeas não estabelecem o que os biólogos chamam de "casais", e muito menos relacionamentos poderosos o suficiente para lançar ao mar as centenas de

---

15 Bianca P. Acevedo e outros, "Neural Correlates of Long-term, Intense Romantic Love" [Correlação Neural do Amor Romântico Intenso e de Longa Duração], *Social Cognitive and Affective Neuroscience*, vol. 7, n. 2 (2 de fevereiro de 2012).

navios da Guerra de Troia. Em 97% dos mamíferos, por exemplo, o macho acasala com a fêmea no cio e segue em busca de outra fêmea para produzir mais prole; as fêmeas criam os filhotes sozinhas. Para descobrir o que há de diferente nos 3% restantes, um grupo de pesquisadores estudou extensivamente o rato-da-pradaria, um roedor do tamanho de um hamster, muito comum no centro-oeste dos Estados Unidos. Diferente de seus primos promíscuos e relativamente antissociais, os ratos-da-pradaria estabelecem relacionamentos com os parceiros para a vida toda, criam juntos os filhotes e protegem agressivamente seus ninhos. Quando uma oportunidade se apresenta, tanto o macho quanto a fêmea podem acasalar com outros de sua espécie, mas a maioria retorna ao convívio com o parceiro que escolheu como definitivo. Na verdade, pesquisas de campo revelaram que os casais de ratos-da-pradaria superam os seres humanos quando se trata de relacionamentos de longa duração. Três quartos dos casais de ratos-de-pradaria se mantêm juntos até que um dos dois morra e, mesmo depois, a maioria não procura um novo parceiro.[16] Os cientistas também se concentraram em dois neuropeptídeos relacionados: a vasopressina e a oxitocina, que são sintetizados no hipotálamo e liberados na pituitária para explicar como os ratos-da-pradaria estabelecem vínculos tão fortes. Pesquisadores encontraram receptores das duas moléculas nas regiões de prazer/recompensas dos cérebros de ratos-da-pradaria fêmeas e machos, a mesma região que se acendeu nos escaneamentos dos cérebros de humanos apaixonados. Embora a vasopressina e a oxitocina contribuam para solidificar relacionamentos tanto em machos quanto em fêmeas, os estudos se concentraram na vasopressina de machos e na oxitocina (falaremos disso adiante) de fêmeas dos ratos-de-pradaria.[17]

16 Lowell L. Getz e C. Sue Carter, "Prairie-vole Partnerships" [Relacionamento de Pares de Ratos-da-Pradaria], *American Scientist,* vol. 84, n. 1 (Janeiro-Fevereiro 1996).
17 Larry J. Young, Anne Z. Murphy Young e Elizabeth A. D. Hammock, "Anatomy and Neurochemistry of the Pair Bond" [Anatomia e Neuroquímica da União entre Casais], *The Journal of Comparative Neurology,* vol. 493, n. 1 (5 de dezembro de 2005).

Machos produzem bem mais vasopressina que fêmeas e por isso os pesquisadores concentraram seu foco no estudo da vasopressina deles. Em animais, a vasopressina induz a comportamentos típicos dos machos, como agressão e marcar território com odores. Hamsters, por exemplo, começam a marcar território menos de um minuto após receberem uma injeção de vasopressina. Quando um rato-da-pradaria ejacula, seus níveis de vasopressina se elevam de modo vertiginoso, e ele também se torna um pai e um companheiro atencioso. Outra evidência da relação entre vasopressina e o estabelecimento de relações duradouras: fêmeas de rato-da-pradaria ainda virgens que recebem injeções de vasopressina passam a defender seu território e a demonstrar de imediato um comportamento possessivo com relação a seus pares. Tais estudos revelam que a vasopressina está ligada não apenas a relacionamentos duradouros, mas também a agressão.[18] Pode-se imaginar que as diferenças de comportamento entre os fiéis ratos-da-pradaria machos e os namoradores ratos-da-campina machos seriam explicadas por seus diferentes *níveis* de vasopressina (e quanto mais, melhor), mas não é o que acontece. A principal diferença entre os dois é a *localização* dos receptores de vasopressina. Diferentemente do rato-da-campina, os receptores de vasopressina do monógamo rato-da-pradaria se concentram em uma das principais regiões de prazer/recompensa do cérebro, o pallidum ventral, próximo ao núcleo accumbens, que é rico em dopamina. Essas regiões estão relacionadas ao vício.[19] Pesquisadores também identificaram um fenômeno semelhante em primatas: micos monogâmicos possuem níveis mais altos de vasopressina nos

---

18 John M. Stribley e C. Sue Carter, *"Developmental Exposure to Vasopressin Increases Aggression in Adult Prairie Voles"* [Exposição Evolutiva à Vasopressina Causa Aumento de Agressão em Ratos-da-Pradaria Adultos], PNAS, vol. 96, no. 22 (26 de outubro de 1999).
19 Thomas R. Insel, Zuo-Xin Wang e Craig F. Ferris, *"Patterns of Brain Vasopressin Receptor Distribution Associated with Social Organization in Microtine Rodents"* [Padrões de Distribuição de Receptores Cerebrais de Vasopressina Associados à Organização Social em Roedores de Microtina], The Journal of Neuroscience, vol. 14, n. 9 (1 de setembro de 1994).

centros de recompensa do cérebro que os macacos-rhesus não monogâmicos.[20]

Com base nessa descoberta, os pesquisadores da Universidade de Emory transformaram promíscuos ratos-de-campina em amorosos companheiros e pais, criando indivíduos mutantes com receptores de vasopressina em seus centros de recompensa.[21] E também transformaram ratos-da-pradaria de laboratório em espécimes individualistas, sem desejo de estabelecer relacionamentos, ao bloquear os receptores de vasopressina no septo lateral de seus cérebros.[22]

Para o desalento das mulheres que têm parceiros namoradores, o comportamento humano é complicado demais para que se possa mudá-lo com esse tipo de engenharia. Pelo fato de ser muito mais difícil estudar seres humanos, ainda é cedo para dizer que os machos de nossa espécie sejam como os ratos-da-pradaria. Mas a vasopressina é liberada quando os humanos praticam sexo, assim como nos ratos-da-pradaria, o que fornece ainda mais evidências de que os centros de recompensa do cérebro estão relacionados ao envolvimento tanto nos humanos quanto nesses pequenos seres. Os cientistas estão cada vez mais convencidos de que temos muito a aprender com os monógamos ratos-da-pradaria e que, pelo menos no caso dos machos, a vasopressina é um ingrediente-chave das poções do amor que levam o ser humano a se relacionar.

---

20 L. J. Young, D. Toloczko e T. R. Insel, *"Localization of Vasopressin (V1a) Receptor Binding and mRNA in the Rhesus Monkey Brain"* [Localização de Ligação de Receptor de Vasopressina e mRNA no Cérebro do Macaco-Rhesus], *Journal of Neuroendocrinology*, vol. 11 (1999).
21 Miranda M. Lim *et al.*, *"Enhanced Partner Preference in a Promiscuous Species by Manipulating the Expression of a Single Gene"* [Aprimoramento da Preferência de Pares em Espécies Promíscuas através da Manipulação da Expressão de um Único Gene], *Nature*, vol. 429 (17 de junho de 2004).
22 Yan Liu, J. Thomas Curtis e Zuoxin Wang, *"Vasopressin in the Lateral Septum Regulates Pair Bond Formation in Male Prairie Voles (Microtus ochrogaster)"* [Vasopressina no Septo Lateral como Regulador de Formação de Pares em Ratos-da-Pradaria (*Microtus ochrogaster*) Machos], *Behavioral Neuroscience*, vol. 115, n. 4 (2001).

Oxitocina: os laços do amor

Se bioquímica fosse algo simples, o que não é, bastaria termos a oxitocina, substância que possui reputação de fomentar relacionamentos e união, a ponto de ganhar apelidos: droga do amor, química do apego e hormônio da confiança. A oxitocina já foi conhecida como a molécula que estimula contrações uterinas durante o parto, a produção de leite para amamentação e a forte ligação entre mães e filhotes de mamíferos. Quando injetada no cérebro de ratas virgens, induz rapidamente ao comportamento maternal. Ratas mães chegam a atravessar grades eletrificadas para alimentar os filhotes. Já quando a oxitocina é bloqueada, essas mães passam a rejeitá-los.

Mas durante o estudo de fêmeas de ratos-da-pradaria, os pesquisadores descobriram que a oxitocina estimula a associação delas com os machos na mesma intensidade que a dos machos com elas. Como os cérebros dessas fêmeas possuem receptores de oxitocina nos centros de recompensa do cérebro e os níveis da substância aumentam durante o acasalamento, elas aprendem a associar a sensação de prazer com o fato de se relacionar com os parceiros (assim como as humanas). Quando a oxitocina é bloqueada, as ratas-da-pradaria, embora famosas por serem monogâmicas, não estabelecem ligação duradoura com seus parceiros.[23]

Enquanto os estudos com animais estabeleceram a base para se compreender a importância da oxitocina no relacionamento entre os pares, foi o estudo de casais humanos que transformou essa molécula em uma grande estrela fora dos círculos científicos. Em um estudo realizado na Suíça, os pesquisadores deram a 47 casais um *spray* nasal contendo oxitocina ou um

---

23 Thomas Insel e Terrence J. Hulihan, "*A Gender-Specific Mechanism for Pair Bonding: Oxytocin and Partner Preference Formation in Monogamous Voles*" [Um Mecanismo Específico de Gênero para a Formação de Pares: Oxitocina e Preferência na Formação de Pares em Arganazes Monogâmicos], *Behavioral Neuroscience*, vol. 109, n. 4 (Agosto de 1995).

placebo. Os casais participaram então de uma "discussão" gravada. Aqueles que receberam oxitocina apresentaram comportamento mais positivo e menores níveis do hormônio de estresse cortisol.[24] Há também estudos que sugerem que a oxitocina promove o sentimento de confiança. Em outro experimento, os voluntários receberam uma soma em dinheiro para investir com a ajuda de um agente fiduciário. Metade deles recebeu um *spray* de oxitocina antes do experimento e a outra metade, um *spray* com placebo. Aqueles que receberam oxitocina se mostraram praticamente duas vezes mais dispostos a entregar todo o dinheiro ao agente.[25] E um estudo do National Institute of Mental Health [Instituto Nacional de Saúde Mental] concluiu que pessoas que inalaram oxitocina antes de observar fotos de rostos ameaçadores apresentaram índice bem mais baixo de atividade no hemisfério do cérebro relacionado ao medo.[26]

Com toda essa fama, não é à toa que vendedores de *spray* nasal e gotas sublinguais de oxitocina proliferaram na internet (um desses produtos é até mesmo chamado de "Confiança em gotas"). Tais produtos são oferecidos a um vasto grupo de potenciais consumidores, entre eles, solteiros em busca de relacionamentos, casais em crise, tentando salvar o relacionamento, e vendedores que desejam estabelecer confiança instantânea em seus clientes. Porém, casais mais conscientes, que cultivam relacionamentos com altos níveis de confiança e parceria sabem, assim como os ratos-da-pradaria, que é possível elevar seus níveis de oxitocina de modo bem mais prazeroso e sem gastar um centavo, apenas com a presença um do outro,

---

24 Beate Ditzen *et al.*, "*Intranasal Oxytocin Increases Positive Communication and Reduces Cortisol Levels During Couple Conflict*" [Oxitocina Intranasal Aumenta a Comunicação Positiva e Reduz os Níveis de Cortisol em Períodos de Conflitos de Casais], *Biological Psychiatry*, vol. 65, n. 9 (1 de maio de 2009).
25 Michael Kosfeld e outros, "*Oxytocin Increases Trust in Humans*" [Oxitocina Aumenta a Confiança em Seres Humanos], *Nature*, vol. 435 (2 de junho de 2005).
26 Peter Kirsch e outros, "*Oxytocin Modulates Neural Circuitry for Social Cognition and Fear in Humans*" [A Oxitocina Modula os Circuitos Neurais de Cognição Social e Medo em Humanos], *Journal of Neuroscience*, vol. 25, n. 49 (7 de dezembro de 2005).

beijando-se, tocando-se, aconchegando-se e desfrutando de bom sexo.

Serotonina: obsessão

Em 1999, a psiquiatra Donatella Marazziti e seus colegas da Universidade de Pisa (o mesmo grupo de pesquisadores que identificaram altos níveis de cortisol em voluntários apaixonados) decidiram testar o conceito de que os estágios iniciais do amor romântico apresentam características semelhantes às do transtorno compulsivo-obsessivo (TOC). Claro, trata-se de uma conjectura, dado o número de horas que as pessoas apaixonadas informam despender pensando no parceiro ("o tempo todo" é a estimativa mais comum) e o número de músicas de amor que se ouve em todo o mundo com o tema "não consigo tirá-lo da cabeça".

Donatella Marazziti e seus colegas recrutaram 20 voluntários que tinham se apaixonado nos últimos seis meses e que informavam passar pelo menos quatro horas por dia pensando no ser amado. Recrutaram também 20 pacientes de TOC que não estavam sob medicação e 20 voluntários que não estavam apaixonados nem sofriam de TOC, para estabelecer um grupo de controle. Quando os pesquisadores testaram o sangue dos voluntários, descobriram que o grupo que sofria de TOC e o grupo dos apaixonados apresentavam níveis similarmente baixos de 5-HT, uma proteína que remove a serotonina do espaço entre as células cerebrais.

Mas os pesquisadores também descobriram que as semelhanças entre os apaixonados e os que sofriam de TOC eram apenas iniciais. Quando testaram o sangue de alguns de seus voluntários 12 a 18 meses depois de iniciarem seus relacionamentos, os níveis de 5-HT haviam retornado aos níveis normais, os mesmos apresentados pelo grupo de controle. Os resultados do experimento, segundo os pesquisadores de Pisa, "sugerem que estar apaixonado induz as pessoas, literalmente, a um estado que não é normal, como sugere uma grande variedade de expressões coloquiais usadas em diferentes países, todas se referindo a alguém estar 'perdidamente' ou 'insanamente' apaixonado, ou mesmo 'louco de amor'".[27]

Além da doença do amor ou de TOC, altos níveis de serotonina no cérebro já foram associados a tudo: depressão, transtorno afetivo sazonal, comportamento violento e raiva. Na verdade, tais níveis altos, concomitantes com aumentos dos níveis de dopamina e do hormônio de estresse cortisol, podem ajudar a explicar a raiva que algumas pessoas sentem ao serem deixadas por seus parceiros.

Em seu livro *Why We Love [Por Que Amamos]*, a antropóloga Helen Fisher explica a base neurológica para o que o psicólogo forense J. Reid Meloy chama de raiva de abandono: "[...] a rede básica do cérebro relacionada a raiva está intimamente conectada a centros do córtex pré-frontal que processam o reconhecimento e a expectativa de recompensa. Quando as pessoas e os animais sentem que uma recompensa está ameaçada ou que não será obtida, seus centros do córtex pré-frontal enviam à amídala um sinal e disparam a raiva [...]. Por exemplo: quando os circuitos de recompensa do cérebro de um gato são estimulados artificialmente, ele experimenta grande prazer. Se esse estímulo é retirado, ele ataca e morde. E, cada vez que o estímulo é retirado, o gato fica mais irritado".

Outro fato interessante é: "jamais provoque um rejeitado". Helen Fisher conta a história de Bárbara, uma voluntária de seus experimentos. O cérebro de Bárbara foi escaneado pela primeira vez para um estudo sobre pessoas apaixonadas. Na época, ela estava cheia de saúde, otimismo e amor por seu parceiro, Michael. Cinco meses depois, quando seu cérebro foi escaneado pela segunda vez, Michael a tinha deixado. Seu rosto pálido

---

[27] D. Marazziti e outros, "*Alteration of the Platelet Serotonin Transporter in Romantic Love*" [Alteração do Transporte de Plaquetas de Serotonina no Amor Romântico], *Psychological Medicine*, vol. 29 (1999).

mostrava sinais de choro, ela havia perdido peso e descreveu seu estado: "sinto um nó no peito, de tanta dor e tristeza". Mas a tristeza de Bárbara se transformou em ódio ao ver uma foto de Michael durante o escaneamento de seu cérebro. Ela reclamou com Helen Fisher: "por que você quer estudar isso?"[28]

Em casos mais extremos, alguns apaixonados recorrem à perseguição, à violência e até mesmo ao assassinato. Mas a maioria das pessoas apenas sofre durante um tempo e acaba se curando, sobretudo se encontrar outro parceiro algum tempo depois.

Bem, pode-se pensar que uma forma de aplacar o ódio que se sente ao ser abandonado é a automedicação, ou seja, elevar nossos níveis de serotonina. Porém, como ocorre com todo ingrediente de uma poção do amor, nunca é algo tão simples e muitas vezes nem é o melhor remédio. Esses elementos químicos agem de forma sinergística e podem ter efeitos diversos, dependendo da parte do cérebro ou do corpo envolvida. E escolher apenas um elemento pode acabar gerando um efeito reverso. Um exemplo disso é o número de efeitos colaterais documentados (entre eles, a redução da libido) dos antidepressivos mais utilizados como Prozac ou Paxil, conhecidos como inibidores seletivos da reabsorção da serotonina, desenvolvidos para elevar os níveis de serotonina no organismo. Até mesmo o elemento do aconchego, a oxitocina, com potencial para tratamento de autismo e com altíssimas credenciais médicas, possui um lado negro segundo pesquisas mais recentes. Pesquisadores belgas descobriram que a oxitocina não promove o sentimento de confiança de maneira incondicional, como se pensava. Ela faz com que as pessoas cooperem mais ao participar de jogos sociais caso já conheçam os participantes, mas as torna *menos* dispostas a

---

[28] Helen Fisher, *Why We Love: The Nature and Chemistry of Romantic Love* [Por Que Amamos: A Natureza e a Química do Amor Romântico] (New York: St. Martin's, 2004).

cooperar quando jogam com parceiros desconhecidos.[29] Os pesquisadores belgas também observaram que os voluntários se tornaram mais etnocêntricos sob a influência da oxitocina. Diante de perguntas sobre dilemas morais, como ter que escolher entre salvar sete vidas de um trem desgovernado sacrificando uma vida, a maioria dos voluntários holandeses que inalaram oxitocina escolheram salvar pessoas de sua etnia a salvar árabes ou alemães, o que não ocorreu tanto entre as pessoas do grupo de controle, que não inalaram a substância.[30] "Portanto, ainda que a oxitocina possa ser a solução para estabelecer a paz entre os roedores de todo o mundo, não existe um hormônio que possa nos tornar seres humanos melhores", segundo Robert M. Sapolsky, professor de Neurociência da Universidade de Stanford, em um artigo opinonal chamado "Peace, Love and Oxytocin" [Paz, Amor e Oxitocina], que escreveu para o jornal *Los Angeles Times*.[31]

Em vez de tentarmos encontrar uma poção mágica para melhorar nossa vida, a melhor estratégia é nos concentrarmos em nossa mente, pois nossa bioquímica depende de nossa percepção. Antes de sairmos do tema "poções do amor" e passarmos ao próximo capítulo, que trata da mente, é importante mencionar que a avalanche química que promove o amor pode ser desencadeada não apenas quando nos apaixonamos por alguém, mas também por um projeto ou uma ideia. Artistas que pintam como loucos, empreendedores ao iniciar um negócio, um biólogo celular escrevendo sobre o Efeito Lua de Mel ou um adolescente apaixonado – onde quer que haja paixão, por trás dela há um potente preparado químico capaz de nos motivar a atingir os objetivos que tanto almejamos.

---

29 Carolyn H. Declerck, Christophe Boone e Toko Kiyonari, "*Oxytocin and Cooperation under Uncertainty: The Modulating Role of Incentives and Social Information*" [Oxitocina e Cooperação em Momentos de Incerteza: o Papel Modulador do Incentivo e da Informação Social], *Hormones and Behavior*, vol. 57, n. 3 (Março de 2010).
30 Carsten K. W. De Dreu *et al.*, "*Oxytocin Promotes Human Ethnocentrism*" [Oxitocina Promove Etnocentrismo em Humanos], *PNAS*, vol. 108, n. 4 (25 de janeiro de 2011).
31 Robert M. Sapolsky, "*Peace, Love and Oxytocin*" [Paz, Amor e Oxitocina], *The Los Angeles Times* (4 de dezembro de 2011).

CAPÍTULO 4

Quatro mentes que não se concatenam

> A magia do primeiro amor está em
> não sabermos que ele pode acabar.
> — Benjamin Disraeli

Você sente as vibrações do amor. São as poções químicas mágicas percorrendo o seu corpo. Começa a cantar todas aquelas músicas melosas que sempre ouviu e que, pela primeira vez, começam a fazer total sentido. Cria, então, o Efeito Lua de Mel com o amor da sua vida, crente de que desta vez será para sempre. Só que ele não dura. Você fica arrasado. Passa dias e noites obcecado, pensando em como tudo poderia ter sido diferente. Sua mente, agora confusa, se pergunta sem parar: como algo tão mágico foi acabar assim, em brigas constantes (e, se vocês eram casados, em divórcio)? Você *queria tanto* que desse certo... *Acreditou, de verdade,* que iria dar certo. Fica pensando que talvez *A Biologia da Crença* funcione para outras pessoas, mas não para você. Só que funciona, sim! Mas há uma condição para que isso aconteça, o que explica por que o simples pensamento positivo e a crença de que tudo vai dar certo não funcionam. A condição é que, durante o tempo em que esteve vivendo no paraíso com seu amor naqueles dias ou meses, suas ações e seu comportamento estavam sendo controlados pelo processamento de sua mente *consciente*. A mente consciente é a mente "criativa", que age de acordo com seus desejos e vontades. Então, quando a mente consciente de dois seres enamorados se conecta, ocorre uma harmonia mágica. E, como os dois estão agindo de acordo com suas vontades e desejos mais intensos, o resultado dessa interação é... *voilà:* o Paraíso na Terra!

Porém, com o passar do tempo, sua mente consciente se volta para os afazeres do dia a dia, como organizar as finanças, a casa e planejar as atividades do final de semana. O processamento da mente *consciente* passa da criação da experiência de lua de mel para o gerenciamento de estratégias para as necessidades da vida. Com isso, ela acaba relegando o controle do comportamento aos programas padrão armazenados na mente *subconsciente*.

Assim, o casal acaba tendo *quatro* mentes em vez de duas. E essas duas mentes subconscientes "extras" são capazes de destruir qualquer relacionamento Feliz para Sempre. Quando nossa mente consciente deixa de focar a atenção no momento presente, perdemos o controle de nosso efeito lua de mel porque, sem perceber, passamos a agir de acordo com comportamentos pré-programados que adquirimos durante as experiências de infância e desenvolvimento. Para muitos casais, quando essa programação subconsciente vem à tona o efeito lua de mel acaba rapidamente. O que não é surpresa, já que o comportamento programado na mente *subconsciente* deriva sobretudo da observação e da absorção do comportamento dos *outros* (comportamentos negativos e inibidores da autoestima, em sua maioria), especialmente o de nossos pais, parentes, comunidade e cultura. Então, de repente, você passa a ver um lado de seu ser amado (e de você mesmo) que não existia durante a lua de mel. Quando a mente consciente deixa de prestar atenção ao momento presente, você automaticamente (e inconscientemente) passa a agir de acordo com o comportamento que adquiriu dos *outros*. Veja uma cena que pode lhe parecer bem familiar. Você está em meio ao Efeito Lua de Mel, totalmente apaixonado pelo ser amado, que dá luz e sentido à sua vida. Porém, um belo dia faz a ele alguma pergunta com todo o carinho. Naquele momento, ele pode não estar pensando no relacionamento maravilhoso que vocês têm. Sua mente *consciente* pode estar preocupada em consertar o carro ou pagar o aluguel. Então ele responde sem pensar e de maneira grosseira, em um tom que mais parece dizer "me deixe em paz". Em choque, você indaga: "quem é você?" Pronto. Você acabou de presenciar o momento em que uma bela lua de mel começa a desmoronar. Mas seu amado respondeu de maneira tão *inconsciente* que nem percebe que foi rude. Por isso, encara sua reação à resposta dele(a) como um "ataque" pessoal e se coloca na defensiva, pensando: *como ele ousa me acusar de agir de maneira estranha? Sou a mesma pessoa de sempre. Não sei do que ele está falando. Qual é o problema dele, afinal?* Enquanto isso, você se pergunta: *Onde está a pessoa com quem me casei?* Sua mente consciente, então, se afasta da situação para avaliar o que está acontecendo. Hum.... E o que você nem imagina é que, sem perceber, deixa vir à tona seu comportamento inconsciente, que adquiriu de sua família ou cultura. Agora quem está chocado é seu parceiro, ao ver a pessoa doce que ele conhecia cobri-lo de críticas e de culpa, ou coisa pior – algo que adquiriu de seus pais.

À medida que os problemas diários ocupam sua mente *consciente* e a de seu parceiro, mais comportamentos *inconscientes* desarmoniosos vêm à tona. Em pouco tempo, *ambos* deixam de se admirar e passam a observar apenas os aspectos negativos de comportamento e os ataques de nervos um do outro. Estão agora sempre na defensiva e criticam os defeitos que encontram: ele nunca leva o lixo para fora, ela não tampa a pasta de dentes direito etc. Tudo que era ignorado no início passa a incomodar. E, caso tenham se conhecido através de algum serviço *on-line* pago, passam a querer o dinheiro de volta! *Ele não respondeu ao questionário de maneira honesta!* Mas a verdade é que ambos responderam com sinceridade. Responderam usando sua mente *consciente*, e aí é que está o problema: a mente consciente representa fielmente aquilo que desejamos ser. E, infelizmente, essa mente que responde ao questionário se expressa apenas durante 5% do dia. O que os dois não percebem é que a programação *subconsciente*, sabotadora e limitadora que adquiriram dos outros é justamente a que se manifesta 95% do tempo. Com isso, você e seu parceiro acabam passando de um relacionamento de lua de mel para um relacionamento comum. Se esse comportamento destrutivo e negativo tivesse se manifestado já no primeiro dia, vocês provavelmente não teriam passado mais de 24 horas juntos. Agora você deve estar imaginando que o melhor a fazer é reduzir as expectativas e aceitar os relacionamentos como sempre foram, já que "a vida é assim mesmo e é preciso aceitar o que ela oferece de bom e de ruim". Ou será que todos os esforços que você faz para tolerar comportamentos abusivos já se tornaram insuportáveis e você vai, mais uma vez, desistir daquele relacionamento em que apostou todas as fichas? *Agora chega. Não aguento mais essa relação.* E lá vai você, mais uma vez, passar por todo o processo só para, depois de algum tempo, sair de novo em busca daquela felicidade que vivenciou por alguns instantes.

    A grande verdade é que o problema desse ciclo repetitivo é invisível: o comportamento programado em sua mente *subconsciente* e na de seus parceiros. A mente consciente lhe dá a missão de encontrar um parceiro amoroso e se deleita quando você encontra o Par Perfeito. Mas sua mente subconsciente consegue destruir todos os seus esforços. Porém, uma vez que você entende que um relacionamento envolve *quatro* mentes e descobre como você e seu parceiro podem modificar a programação negativa da mente subconsciente, passa a ter em mãos as ferramentas para recriar o que se perdeu.

A nobre mente consciente e criativa

Para entender como isso acontece, vamos estudar o relacionamento entre o cérebro e a mente. Podemos comparar o cérebro humano a um dispositivo físico, como um rádio. A mente, tanto consciente quanto inconsciente, é a programação que ele transmite. A atividade da mente consciente é basicamente associada à atividade de processamento neural do córtex pré-frontal, uma conquista evolucionária do cérebro humano. A mente consciente é a base de nossa identidade. Ela é que nos identifica como indivíduos distintos; como espíritos únicos. A mente consciente gerencia nossos desejos e aspirações. Quando pergunto às pessoas qual tipo de relacionamento elas desejam ter, a resposta mais nobre e sensata, vinda da mente consciente, é: quero um relacionamento baseado em amor, igualdade, respeito e com boa química sexual. É o típico refrão de "pensamento positivo" que os otimistas costumam escrever e colar na geladeira: "mereço um grande relacionamento" e "só como alimentos saudáveis". E também uma obra da mente criativa, que navega entre o passado e o futuro e não está presa ao tempo. Nossa mente consciente pode responder sobre o que faremos na *próxima* quarta-feira ou o que fizemos na quarta-feira *passada*. É a mente que pode se "desvincular" do momento presente e sonhar o dia todo com o que *pode* vir a acontecer: "eu posso ganhar na loteria" ou "encontrar meu príncipe encantado". Mas pensemos por um instante: se nossa mente consciente não "cuida" do momento presente porque está ocupada demais com grandes pensamentos ou com sonhos sobre como a vida deveria ser, quem "está no comando" enquanto isso? Segundo os pesquisadores da neurociência, devido à habilidade da mente consciente de vagar de um pensamento para outro, a maioria dos seres humanos usa sua mente criativa *consciente* para controlar a atividade cognitiva que rege seu comportamento (conforme já mencionei, mas vale a pena lembrar) cerca de 5% do tempo.

Resta-nos concluir então que, os 95% restantes de nossa atividade cognitiva são controlados por programas previamente instalados na mente *subconsciente*.[1]

Mente subconsciente: o mecanismo que grava e reproduz programações

A mente subconsciente é aquela que grita "danem-se as regras!" e nos compele a atacar a geladeira ou a paquerar o pior exemplar da espécie humana que encontrarmos em uma festa (como sempre). O subconsciente é associado à atividade neural em uma parte bem maior do cérebro (cerca de 90%) do que o córtex pré-frontal da mente consciente. A mente subconsciente exerce uma influência muito mais poderosa sobre nosso comportamento do que a mente consciente. O córtex pré-frontal da mente consciente consegue processar e gerir meros 40 impulsos nervosos por segundo. Já os 90% de cérebro que a mente subconsciente abrange controlam e processam 40 *milhões* de impulsos nervosos por segundo. Isso torna o processamento da mente consciente 1 *milhão* de vezes mais potente que o da mente consciente.[2]

A essa altura você deve estar começando a se voltar contra essa poderosa mente subconsciente que consegue sabotar todas as suas tentativas de criar um Efeito Lua de Mel em sua vida. E de ficar longe da geladeira. (Margaret chama isso de "anéis mortíferos".) Mas a mente subconsciente tem um papel valioso no desenvolvimento humano e em nossa vida. Além do mais, é perda de tempo tentar lutar contra ela. Eu até tento cada vez que devoro alguma guloseima absurdamente calórica. É quando minha mente consciente grita comigo: *Seu idiota! Por que foi*

---

1 Marianne Szegedy-Maszak, "*Mysteries of the Mind: Your Unconscious is Making Your Everyday Decisions*" [Mistérios da Mente: Sua Mente Inconsciente É Quem Toma as Decisões Diárias], *U.S. News & World Report* (8 de fevereiro de 2005).
2 Tor Nørretranders, *The User Illusion: Cutting Consciousness Down to Size* [A Ilusão do Usuário: a Redução da Consciência] (New York: Penguin, 1998).

comer isso se acabou de jurar que iria resistir? Mas posso gritar e culpar quanto quiser minha mente subconsciente. É pura perda de tempo, pois não há ninguém dentro dela para responder. Lutar contra a mente subconsciente é como gritar com a televisão. A televisão é boa ou é má? Nenhuma das duas opções. O que você está *assistindo*? Não culpe a TV, e sim a emissora! Da mesma forma, a mente subconsciente é boa ou má? Nenhuma das duas opções. A mente subconsciente é basicamente um incrível mecanismo que grava e reproduz. Diferentemente da mente consciente, ela quase não tem criatividade nem noção de tempo. Vive apenas no momento presente, não enxerga o futuro e não tem sequer noção de que você está gritando com ela. Portanto, ao invés de demonizar ou de lutar contra a mente subconsciente e seus incômodos programas comportamentais, o melhor a fazer é reconhecer seu poder. E, claro, este seria um livro extremamente depressivo se eu apenas explicasse que suas melhores intenções e relacionamentos sempre foram sabotados por sua mente subconsciente e não apresentasse ferramentas que você pode usar para reprogramá-la. Por sorte, não estamos condenados a viver para sempre com nossos comportamentos de autossabotagem.

Mas, antes de explicar como reprogramar sua mente subconsciente, deixe-me mostrar de onde veio toda essa programação negativa (... e não foi de você). Depois poderei apresentar as ferramentas para que possa remover esses obstáculos invisíveis que o impedem de criar e/ou manter o Efeito Lua de Mel em sua vida.

Programação uterina

Os médicos pensavam (e alguns ainda pensam) que a mulher grávida só precisa se alimentar bem, tomar vitaminas, minerais e se exercitar para garantir a saúde de seus bebês; a programação genética cuida do resto. Porém, pesquisas mais recentes jogaram por terra o mito de que uma criança ainda no útero não tem mecanismos sofisticados o suficiente e que só é capaz de reagir ao seu ambiente nutricional. Parece que, quanto mais os pesquisadores avançam, mais descobrem como é sofisticado o sistema fetal e seu sistema nervoso, com sua vasta gama de habilidades sensoriais e aprendizado. "A realidade é que muito do que conhecíamos sobre os bebês era falso. Sempre subestimamos a capacidade deles. Não são seres simples, e sim pequenas criaturas complexas capazes de criar pensamentos surpreendentemente amplos", descreve David Chamberlain em seu livro *The Mind of Your Newborn Baby [A Mente do seu Recém-nascido]*.[3]

Em um mundo baseado em controle genético, onde os genes determinam o destino de um organismo, os cientistas só precisavam se concentrar na influência da contribuição do sangue materno para o desenvolvimento fetal. No entanto, com o advento da revolução epigenética e da nova ciência, revelando que os sinais do ambiente controlam a expressão dos genes, sabemos agora que um feto em desenvolvimento é influenciado por muito mais que os nutrientes do sangue materno. O sangue materno também contém uma vasta gama de moléculas de "informação" tais como elementos químicos, hormônios e fatores de crescimento que influenciam e controlam a saúde física e *emocional* da mãe.

Agora sabemos que os mesmos elementos químicos que modelam as experiências e o comportamento da mãe atravessam a placenta e influenciam as células e os genes do feto. A consequência é que o feto em desenvolvimento, recebendo a mesma química sanguínea da mãe, reflete as emoções e a fisiologia dela. Ele pode absorver, por exemplo, cortisol e outros hormônios de estresse caso a mãe seja cronicamente ansiosa. Caso ela não deseje a criança por alguma razão, o feto recebe os elementos químicos da rejeição. E, caso esteja apaixonada pelo bebê e por seu

---

3 David Chamberlain, *The Mind of Your Newborn Baby* [A Mente do Seu Recém-nascido] (Berkeley, CA: North Atlantic Books, 1998).

parceiro, o feto é banhado nas poções de amor que descrevi no capítulo anterior. Já se estiver com raiva do pai por tê-la abandonado durante a gravidez, o feto é envolto na química dessa raiva.

Em minhas palestras, mostro sempre um vídeo da Associazione Nazionale Educazione Prenatale [Associação Nacional de Educação Pré-Natal], que descreve graficamente a relação de interdependência entre os pais e os filhos durante a gestação. No vídeo, uma mãe e um pai têm uma discussão acalorada no momento em que ela passa por uma ultrassonografia. É possível ver que o feto reage com um pulo assim que eles alteram o tom de voz. Conforme a discussão se acirra e se houve um ruído de vidro quebrando e de gritos mais altos, o feto arqueia o corpo em expressão de choque e pula cada vez mais alto, como se estivesse em um trampolim.

Essa ultrassonografia e outras pesquisas deixam claro que o feto demonstra forte reação ao ambiente do útero e à influência do pai. O dr. Thomas Verny, em sua pioneira obra de 1981, *The Secret Life of the Unborn Child [A Vida Secreta da Criança antes de Nascer]* descreve em primeira mão a influência dos pais mesmo durante o desenvolvimento uterino dos filhos. "O fato é que as evidências científicas de grande peso que surgiram na última década exigem que reavaliemos as habilidades emocionais dos fetos. Estejam despertos ou em profundo sono, [eles] estão sempre sintonizados com cada ação, pensamento ou sentimento da mãe. A partir do momento da concepção, as experiências no útero moldam o cérebro e estabelecem a base da personalidade, do temperamento e do poder de raciocínio".[4]

O cérebro fetal em desenvolvimento não apenas responde aos mensageiros químicos do sangue materno como retém a memória das experiências vividas no útero. No momento em que a criança nasce, já carrega consigo todo o "complexo musical" de

---

4 Thomas R. Verny, M.D., e Pamela Weintraub, *Tomorrow's Baby: The Art and Science of Parenting from Conception through Infancy* [O Bebê do Amanhã: a Arte e a Ciência de Criar Filhos desde a Concepção e na Infância] (New York: Simon & Schuster, 2002).

comportamento que irá permanecer para o resto de sua vida. E responde ao tom modulado, programado com os padrões de elementos químicos emocionais que recebeu durante a gestação. Não é um evento isolado, como a discussão do vídeo que mencionei, que cria essa programação; são os padrões repetitivos de reação emocional da mãe. Após o nascimento, a criança passa a criar experiências de vida que se tornam a letra de sua música emocional. Isso é muito bom se a música for de amor, mas nem tanto se o estado emocional da mãe foi cronicamente instável durante a gravidez.

A natureza dessa programação é importante no caso de pais adotivos de uma criança que tenha sido gerada em ambientes caóticos. Eles podem não saber que receberam um indivíduo com padrão de elementos químicos já disfuncionais que se tornarão a "música" de um comportamento menos positivo. Uma criança não é uma tela em branco. Pais adotivos dão todo o carinho a essas crianças e podem ter um grande choque quando elas começam a manifestar o comportamento de seus pais biológicos disfuncionais. O que eles não sabem é que a base da personalidade da criança já está desenvolvida quando ela nasce. Segundo uma nova modalidade de estudo denominada origem fetal, o desenvolvimento pré-natal é o período mais importante de nossas vidas e influencia de modo permanente o funcionamento de nosso cérebro, inteligência e temperamento. Annie Murphy Paul descreve no artigo que escreveu para a revista *Time*: "[...] o estado mental de uma mulher grávida pode modular a psique de seu filho".[5] Os nove meses dentro do útero são tão importantes para o desenvolvimento humano em todos os aspectos que o dr. Verny chegou a dizer que mulheres grávidas deveriam usar o tempo todo uma camiseta com a frase "bebê em construção" para destacar a importância do fato. Na verdade, a mãe (e, por extensão, seu relacionamento com o pai) é o Programa Inicial.

---

5 Annie Murphy Paul, *"Fetal Origins: How the First Nine Months Shape the Rest of Your Life"* [Origens Fetais: Como os Primeiros Nove Meses Moldam o Resto de Nossa Vida], *Time* (22 de setembro de 2010).

É através da fisiologia, e em particular do sangue da mãe que permeia a placenta, que o feto recebe diretamente o aprendizado sobre o mundo em que nascerá para ajustar ativamente seu comportamento e genética de modo a sobreviver nele.

Programação pós-uterina

O aprendizado continua em velocidade espantosa após o nascimento. O bebê vem ao mundo programado com alguns comportamentos instintivos como sugar, mas tem muito a aprender antes de conseguir sobreviver neste mundo por si só. Não é à toa que a evolução deu ao cérebro das crianças a habilidade de absorver um grande número de crenças e comportamentos com grande velocidade. A chave para entender como ocorre essa absorção maciça está na atividade elétrica oscilante do cérebro, como mostra o EEG. Em cérebros de adultos, a atividade de EEG é, em média, cinco frequências de ondas cerebrais, variando das ondas delta de menor frequência às ondas gama de frequência mais alta. Mas em crianças pequenas as duas ondas cerebrais mais baixas, theta e delta, predominam.[6 a,b]

Durante a permanência no útero e o primeiro ano de vida, o cérebro opera predominantemente na frequência de ondas cerebrais mais baixas, de 5 a 4 ciclos por segundo (Hz), conhecidas como ondas delta. Isso não é de surpreender, já que bebês dormem muito; em adultos, as ondas delta predominam na fase de sono mais profundo, em que ocorrem os sonhos e é mais difícil o despertar.

Dos seis aos oito anos de idade, a onda cerebral predominante é theta (4 a 8 Hz), uma frequência vibracional associada ao estado de imaginação. Este é o estágio de desenvolvimento em que a imaginação infantil é mais fértil. Se vir uma criança

---

6 (a) R. Laibow, "*Medical Applications of NeuroBioFeedback*" [Aplicações Médicas do *NeuroBioFeedback*], *in Textbook of NeuroBioFeedback*, editado por J. R. Evans e A. Abarbanel (Burlington, MA: Academic Press, 1999). (b) R. Laibow, comunicação direta com B. H. Lipton. New Jersey, (2002).

montada em uma vassoura dizendo que é um cavalo, não diga a ela que se trata apenas de uma vassoura! Na mente dela trata-se de um cavalo, pois nesse maravilhoso estágio da vida as ondas theta dominam as funções cerebrais, fazendo com que imaginação e realidade se misturem. Para aquela mente infantil, a vassoura se transformou em um cavalo. Da mesma maneira, as frequências de onda theta estão associadas ao estado de hipnose, durante o qual as informações podem ser diretamente incutidas na mente subconsciente. Para induzir esse estado imaginativo sugestionável em adultos, a hipnose utiliza métodos para reduzir as frequências cerebrais dos pacientes a um nível theta mais maleável.

Nos primeiros seis anos de vida, as crianças não apresentam o estado cerebral de consciência associado às atividades de EEG alfa, beta e gama como predominantes. Os cérebros infantis funcionam basicamente abaixo da consciência criativa, da mesma maneira que a atividade de um cérebro adulto cai abaixo do nível de consciência durante o sono e a hipnose. No estado theta altamente programável, as crianças registram grandes quantidades de informação necessária para sobreviver no ambiente, mas não têm capacidade de avaliar de forma consciente a informação que está sendo armazenada. Qualquer um que duvide do alto nível de sofisticação desse registro deve se lembrar da primeira vez que seu filho disse com todas as letras o pior palavrão que você costuma dizer. Tenho certeza de que você percebeu o nível de pronúncia, a nuance e o contexto exatos e característicos *seus*.

Esse engenhoso sistema de registro pode ser reprimido por pais mais rígidos (e não estou me referindo a ocasionais palavrões). A maioria de nós cresceu registrando mentalmente críticas paternas ou maternas: "Você não merece ganhar isso; você não é bom nisso; você é burro; você é muito mau; você é um idiota". A maioria dos pais não têm a real intenção de ferir os filhos; estão apenas agindo como um treinador de futebol que usa a crítica como forma de provocar para obter dos jogadores o melhor desempenho. Mas esse tipo de treino exigiria que as crianças tivessem consciência suficiente para interpretar a lógica positiva por trás da crítica. Ocorre que o cérebro delas funciona predominantemente abaixo do nível de consciência (ondas alfa) nos primeiros seis ou sete anos de vida. Durante essa fase, elas não têm capacidade intelectual para entender que palavras negativas nem sempre são literais. As críticas dos pais são, portanto, registradas como verdade, da mesma forma que *bits* e *bytes* são baixados no disco rígido de um computador. Ao criticar seus filhos, os pais não têm ideia de que, ao tentar ajudar, os estão sentenciando a viver se julgando eternamente incompetentes. Veja um exemplo: um pai está em uma loja com seu filho de cinco anos. O garoto vê um brinquedo, fica encantado e decide que tem que ser seu. Diante da negativa do pai, ele faz um escândalo que chama a atenção de todos na loja. Irritado, o pai declara, com seu mais duro tom de voz: "Só por causa disso você não merece ganhar o brinquedo!" A criança registra de imediato as palavras do pai e seu tom de voz. "Eu não mereço; não sou bom o suficiente para ser amado". Essa programação de "não sou bom o suficiente para ser amado" é um dos maiores obstáculos para se criar o Efeito Lua de Mel em nossa vida. Quando a programação subconsciente da maioria das pessoas é acessada através do teste muscular, a resposta à pergunta "eu me amo?" é negativa.

    Conheci a eficácia do teste muscular quando me tratei com um quiropata depois de sofrer um sério acidente de motocicleta. Ele demonstrou o teste muscular como forma de comunicação com a mente subconsciente. Pediu que eu esticasse o braço, forçou-o para baixo e pediu que eu oferecesse resistência à força dele. Obedeci e não tive qualquer problema em segurar a pressão que ele fez sobre meu braço. Ele pediu então que eu mantivesse o braço esticado e resistisse à pressão que fazia com a mão enquanto dizia "meu nome é Bruce". Mais uma vez, não tive dificuldade em resistir à pressão de sua mão.

Depois, ele pediu que eu mantivesse o braço esticado e resistisse à pressão enquanto dizia "meu nome é Mary". Para minha surpresa, a mão dele conseguiu empurrar meu braço para baixo sem esforço, por mais que eu resistisse. "Como isso aconteceu? Faça de novo", falei. "Acho que não estava preparado." Fizemos de novo e desta vez me concentrei mais para resistir à pressão da mão dele. Ainda assim, enquanto disse "meu nome é Mary", meu braço desceu como uma pedra em queda livre quando ele o pressionou. Isso ocorre porque, quando a mente consciente faz uma afirmação conflitante com alguma crença ou programação armazenada na mente subconsciente, a desarmonia gerada se manifesta na forma de falha ou flexão nos músculos do corpo. Em minhas palestras, costumo ensinar as pessoas a fazer o teste muscular e peço que testem umas às outras com a frase "eu me amo". Como a maior parte dos braços desce, peço que pensem em como a crença subconsciente de que não merecem ou não podem ser amadas afeta seus relacionamentos. Se você não ama a si mesmo com ambas as mentes, qual a chance de alguém mais amá-lo? Quase nenhuma, já que sua própria mente subconsciente não acredita que você mereça receber amor. E se alguém disser que ama você, quanto isso vale quando você mesmo não se julga bom o suficiente para ser amado?

Programas subconscientes de "incapacidade de ser amado" operando 95% do tempo geram, inconscientemente, comportamentos que revelam a maneira como você se sente. Você pode achar que é algo oculto, secreto, mas na verdade isso se manifesta em cada palavra que diz sem pensar ou no comportamento que demonstra sem perceber. E o mais importante: suas crenças disfuncionais manifestam-se em seu campo de energia e podem sabotar de maneira invisível todos os seus esforços para criar o tipo de relacionamento que sua mente consciente tão desesperadamente deseja.

Mas não são apenas palavras que o seu subconsciente registra durante a infância. Ele registra também comportamentos. Em seu transe hipnótico theta induzido, as crianças *observam* enquanto seus pais falam, imitam seu comportamento e registram tudo em sua mente subconsciente. Quando os pais influenciam os filhos demonstrando bom comportamento, a hipnose theta se torna uma excelente ferramenta que amplia a capacidade de aprenderem todos os tipos de habilidade necessária para a sobrevivência no mundo. E, quando o comportamento dos pais não é tão positivo, os mesmos "registros" beta podem destruir a vida desses filhos.

Pesquisas mostram que nossos primos próximos, os chimpanzés, possuem a mesma habilidade de aprender por meio da simples observação. Em uma série de experimentos realizados durante dois anos no *Primate Research Institute* [Instituto de Pesquisas sobre Primatas] da Universidade de Kyoto, uma chimpanzé fêmea foi ensinada a identificar e associar os caracteres japoneses a determinadas cores. Quando o caractere associado a uma cor específica aparecia em uma tela de computador à sua frente, a macaca aprendeu a escolher a cor correspondente a ele. Toda vez que acertava a cor correta, ela recebia uma moeda do computador e podia usá-la em uma máquina daquelas que vendem salgados e refrigerantes, só que contendo frutas em vez de produtos.

Em um período posterior do treinamento, a macaca teve um bebê, que passou a acompanhá-la nas sessões. Um dia, para a surpresa dos pesquisadores, enquanto a mãe pegava uma fruta na máquina, o filhote foi até o computador. Quando o caractere apareceu na tela, ele escolheu a cor correta, pegou a moeda e foi até a máquina. Sem encontrar outra explicação, os pesquisadores foram levados a concluir que as crianças podem aprender pela observação, sem precisar receber ensinamentos diretamente dos pais.[7]

Esse e outros estudos mostram que, apesar de facilitar o aprendizado, esse processo pode ter implicações desastrosas

---

[7] "Like Mother, Like Son" [Tal Mãe, Tal Filho], *Science*, vol. 292 (13 de abril de 2001).

para crianças criadas em lares disfuncionais, expostas a violência doméstica, ou por pais dependentes de drogas ou álcool. Ou mesmo em lares instáveis. Imagine quantas informações muitos de nós absorvemos dos aspectos negativos do casamento de nossos pais! Você pode dizer "não, eu sou diferente. Jurei jamais ter relacionamentos como o que meus pais tiveram". Trata-se de um objetivo louvável criado pelas vontades e desejos da mente *consciente*, mas, enquanto isso, a mente subconsciente, programada por nossos pais, é quem controla nosso comportamento.

Como é difícil para a maioria de nós perceber nossa própria programação subconsciente, vamos imaginar então que temos um amigo de longa data chamado "Bill" e que conhecemos o pai dele. Um dia, percebemos que Bill tem determinados comportamentos iguais aos de seu pai. E comentamos: "Bill, você é igualzinho a seu pai". Ao que ele reage de imediato! "Como assim, igualzinho a meu pai?? Sou o *oposto* dele." A questão aqui é que todos podem ver que o comportamento de Bill é igual ao de seu pai; somente ele não percebe sua programação subconsciente! E adivinhe: *somos todos Bill*! Achamos que estamos agindo de acordo com os desejos e aspirações de nossa mente consciente. Mas, assim que a mente consciente se entrega aos devaneios de pensamentos, deixa de prestar atenção ao momento presente. É quando os programas da mente subconsciente entram em ação. Começamos a agir como nossos pais e nem percebemos!

Agora você deve estar se perguntando: quando o processo de absorção de informações em nível theta termina? Por volta dos seis ou sete anos de idade, as crianças se tornam menos suscetíveis à programação hipnótica. É quando o cérebro em desenvolvimento delas começa a funcionar cada vez mais em ondas alfa mais altas (8 a 12 Hz). A atividade alfa está relacionada a estados de consciência mais tranquila. É quando a criança finalmente começa a ter uma noção de "ego". Lembra-se do garoto com o pai na loja? Bem, imagine agora que ele tem dez anos e seu cérebro já funciona predominantemente em ondas alfa. Desta vez, quando ele ouve "você não merece este brinquedo", não irá necessariamente (a não ser que venha de uma família abusiva) entender a frase de maneira literal. Usará sua mente consciente para avaliar a situação e concluir uma história mais real: *Meu pai está bravo porque estou atrasando as compras, e ele odeia fazer compras! Quer que eu fique quieto para terminar logo e ir para casa assistir a um jogo de futebol. Eu sei que ele me ama... além do mais,* acabei *de ganhar um monte de brinquedos em meu aniversário na semana passada...* Claro, nem toda criança ou adulto consegue ter uma percepção tão clara de seus relacionamentos. Mesmo adultos, muitas vezes caímos na armadilha do subconsciente quando não estamos usando a mente crítica e temos um histórico de programação negativa. Mas, enquanto as crianças são pequenas, não são capazes de discernir, como já mencionei, por não terem ainda desenvolvido sua mente consciente. No exemplo, a mente não criativa subconsciente da criança de cinco anos aceitou a resposta do pai literalmente como "verdade". Já aos dez, ela conseguiu avaliar a situação de forma mais realista. Porém, antes de desenvolver a capacidade consciente, pode ter absorvido em sua mente subconsciente uma série de informações negativas e depreciativas vindas de seus pais e de sua comunidade.

Mas o que isso tem a ver com o Efeito Lua de Mel? Nenhuma das programações que recebemos antes dos sete anos veio de nossos desejos ou aspirações. Tudo foi absorvido através da observação do comportamento de nossos pais e de pessoas de nossa convivência, e essa é a programação predominante que se destaca em nossos relacionamentos. Isso também explica os padrões de relacionamentos: algumas pessoas procuram amor nos lugares errados. Por que não conseguem se manter em relacionamentos enquanto outras têm uma vida afetiva maravilhosa? Para a maioria de nós, que não teve pais exemplares, essa é a programação que precisamos eliminar se desejamos desfrutar de um Efeito Lua de Mel perene em nossas vidas.

Reprogramação da mente subconsciente

1. Cuidado com o que você deseja

Com o passar dos anos, Margaret e eu aprendemos na prática uma verdade que sempre ouvimos: para ajudar a nós mesmos e ajudar o Universo a colaborar conosco, é importante visualizar e listar com detalhes tudo que desejamos na vida. Se os objetivos não estão claros, o Universo não tem como preencher as lacunas. Infelizmente, são os detalhes não planejados que atrapalham nossos desejos e aspirações. Tendo isso em mente, antes de começar a reprogramar sua mente subconsciente, pare e pergunte a si mesmo *conscientemente*: "o que desejo realmente?"

Eu costumava dizer às pessoas para terem *cuidado* com o que pedem porque podem acabar conseguindo, até que um dia minha maravilhosa parceira de vida, Margaret, me mostrou que esse não é um bom conselho para se dar. Mudei então meu conselho conforme ela sugeriu: "tenha consciência do que você pede e acabará conseguindo". Faça uma lista mental de tudo o que procura em um relacionamento. Quanto mais detalhes, melhor. Esse exercício garante que sua mente consciente esteja presente de maneira criativa no processo. Todos os detalhes deixados de fora serão completados pela mente subconsciente, que, se deixada à vontade, irá trazer tudo que seus pais ou sua comunidade consideram bom em um relacionamento. Sendo assim, faça a lista com todos os detalhes possíveis. Quanto mais completa ela for, mais fácil será para sua mente e para o Universo conspirarem para tornar realidade os seus desejos. Em vez de "desejo ter um relacionamento maravilhoso", descreva com detalhes até as sensações que deseja ter como se já estivessem acontecendo neste momento. Como você enxerga a relação? Como você se sente em cada instante dela? Quais são os sons e as palavras todos os dias? Segue um exemplo, mas o seu pode ser ainda mais completo: "amo meu parceiro carinhoso e inteligente, que me dá alegria e apoio em todos os dias que passamos juntos rindo, nos divertindo e compartilhando histórias de vida e interesses". Ao escrever com detalhes tudo o que deseja, poderá manifestar comportamentos conscientes e subconscientes para atrair os relacionamentos que quer ter em sua vida.

2. Modifique sua programação subconsciente

Enquanto nos concentramos em definir as características da pessoa que buscamos, inevitavelmente acabamos nos deparando com o obstáculo de que nosso comportamento, em especial aquele em nível subconsciente, pode não ser compatível com o da pessoa que desejamos encontrar. Imagine, por exemplo, alguém que cresceu em uma família em que os pais não demonstravam amor e eram ríspidos um com o outro. A pessoa com certeza irá procurar alguém que tenha características carinhosas, algo que não teve chance de observar quando criança e que hoje tanto deseja. Em nossa mente consciente geramos comportamentos para atrair a pessoa que desejamos, mas as programações subconscientes e invisíveis adquiridas de nossos pais podem repelir qualquer candidato que tenha as qualidades de que precisamos. Como não temos consciência de nosso próprio comportamento subconsciente, os momentos em que ele se manifesta sem que percebamos podem acabar gerando choque ou constrangimento. E, como não percebemos que estamos nos comportando de tal maneira, acabamos culpando os outros quando o relacionamento dá errado. *Como alguém tão incrível como eu pode ser a fonte do problema?* Sim, em nossa mente consciente somos a pessoa amorosa e gentil que imaginamos, mas, na maior parte do tempo, nossa vida é comandada pelos programas subconscientes, que podem não ser tão gentis.

Então, a pergunta que devemos nos fazer é: "minha mente subconsciente está de acordo com os desejos de meu coração?" Se não temos consciência de nosso comportamento, como saber quais são os programas por trás dele? Como a maior parte deles foi incutida antes dos sete anos, sobretudo porque boa parte de nossa personalidade já estava definida antes de nascermos, a mente consciente pode não ter ideia do que foi programado em nossa mente subconsciente. Sendo assim, como descobrir as características de nossa programação subconsciente? Isso pode ser relativamente fácil quando compreendemos a interação que ocorre entre as mentes consciente e subconsciente. Como 95% de nosso comportamento é controlado de modo automático pela mente subconsciente, e não de maneira consciente, nossas vidas são, literalmente, um reflexo do comportamento programado em nossa mente subconsciente. Vamos supor que você tenha passado toda a vida lutando com problemas financeiros. Diversos especialistas hoje aconselham as pessoas a reprogramar os conceitos recebidos durante a infância sobre dinheiro, pois essa programação ainda pode estar afetando sua vida. Em seu livro *The 9 Steps to Financial Freedom* [Os 9 Passos para a Liberdade Financeira], Suze Orman afirma: "as mensagens sobre dinheiro são passadas de geração em geração como pratos velhos e lascados".[8] Suze, por exemplo, aprendeu ainda cedo que o motivo para os pais "parecerem sempre infelizes" não era que não se amassem, mas sim nunca terem dinheiro para pagar as contas. "Em nossa casa, dinheiro sempre foi motivo de tensão, preocupação e tristeza."[9]

Assim como Suze, você também pode modificar suas programações negativas. E nem precisa mudar sua vida toda para isso! Basta se concentrar nas áreas que mais precisam de ajuda. Talvez o fluxo de dinheiro não seja um problema em sua vida, mas sim os relacionamentos. Nesse caso, não é preciso trabalhar sua programação subconsciente sobre dinheiro. As coisas de que você gosta e que recebe com mais facilidade provavelmente já têm o aval positivo de sua programação subconsciente, daí o fato de existirem em sua vida sem problemas. Mas tudo

---

8 Suze Orman, *The 9 Steps to Financial Freedom* [Os Nove Passos para a Liberdade Financeira] (New York: Crown, 1997).
9 Ibid.

pelo que você tem que lutar muito ou que já tentou várias vezes modificar, sem sucesso, é reflexo das áreas que mais provavelmente representam crenças subconscientes limitadoras e de autossabotagem que precisam ser reprogramadas. Então, não é tudo que precisa ser modificado e também não é necessário ir a um psicólogo para entender todo o processo. E nem é preciso entrar em crise existencial ou se voltar contra as pessoas que deseja "culpar" por sua programação. Não é necessário matar os mensageiros. É a mensagem recebida que precisa ser modificada, pois ela é a causadora do comportamento. E também não adianta perder tempo decifrando as mensagens, pois isso costuma estimular velhos sentimentos dolorosos e os traz de novo à tona. Você só precisa modificar os programas de comportamento subconsciente que interferem na realização de seus desejos.

Observação: antes de buscar um relacionamento afetivo, certifique-se de que a crença fundamental "eu me amo" esteja firmemente solidificada em sua mente subconsciente. A falta de autoestima, como mencionei, é o principal e maior obstáculo para a maior parte das pessoas que desejam criar o Efeito Lua de Mel em sua vida.

3. Comece a reprogramação

Há diversas técnicas que podemos usar para reprogramar a mente subconsciente. Vou citar três delas, que utilizei para modificar minha programação negativa (e devo dizer que eu tinha muita coisa para modificar). Veja a seção de referências no Apêndice ao final do livro e em meu *website*, www.brucelipton.com, e escolha a que melhor se adaptar a você. Não existe uma fórmula ideal, perfeita para todos os casos. Meu objetivo aqui é apresentar informações sobre o papel destrutivo que a programação subconsciente pode ter em sua vida e espero poder ajudá-lo a encontrar a *melhor* maneira de modificar essa programação.

Antes de tentar modificar nossa programação de comportamento, no entanto, é importante entender as diferentes maneiras pelas quais a mente subconsciente aprende as coisas. Pode-se pensar que, quando a mente consciente aprende algo novo, a programação subconsciente se ajusta de modo automático a esse aprendizado. Mas não é verdade! As duas mentes se comportam como entidades totalmente diferentes e não "aprendem" da mesma maneira. A mente criativa consciente, aquela "que pensa", aprende a partir de diversos tipos de estímulo. Um simples momento de descoberta pode causar uma mudança radical em sua vida. A mente consciente pode adquirir novas crenças através de aulas, palestras, livros de autoajuda, vídeos ou torturantes e longas horas de psicanálise em que são esmiuçadas todas as suas experiências. Mas às vezes a mente de quem busca se torna obtusa, como a minha quando me concentrei exclusivamente em aspectos intelectuais. Educar a mente consciente não reprograma automaticamente a mente subconsciente. No meu caso, somente quando comecei a utilizar a consciência que adquiri intelectualmente para modificar meus programas subconscientes é que consegui algum progresso para mudar minha vida.

Enquanto a mente consciente é criativa e usa essa criatividade para aprender, a mente subconsciente aprende apenas através de hipnose ou da criação de hábitos. Antes dos sete anos, sua mente subconsciente adquiria crenças com rapidez porque seu cérebro funcionava predominantemente na frequência de EEG theta de indução hipnótica. Após essa idade, a fonte principal de aprendizado da mente subconsciente passa a ser o hábito. Como você aprendeu a tabuada? Repetindo a sequência diversas e diversas vezes, até memorizar o padrão e conseguir repeti-lo de forma inconsciente. Repetição leva ao hábito, e esse é o mecanismo básico para substituir comportamentos de programação subconsciente.

Quando você estava aprendendo a dirigir, por exemplo, sua mente consciente estava atenta a todos os detalhes, como manter os olhos para a frente para ler placas, olhar para o painel do carro e ao mesmo tempo ver as imagens nos três espelhos, além de se concentrar nos pedais. Mas hoje você entra no carro, dá a partida e simplesmente vai em frente. Sua mente consciente está concentrada no local de destino, na festa da noite anterior ou na conversa com o passageiro. Você nem presta tanta atenção ao que se passa ao redor. Quem dirige o carro, então? A mente subconsciente, usando os hábitos que adquiriu no período repetitivo de prática enquanto você aprendia a dirigir. Não é preciso ter medo por não estar dirigindo conscientemente o carro. Como já mencionei, a mente subconsciente é mil vezes mais poderosa e tem um processamento muito maior que o da mente consciente. Inclusive, se o carro derrapa ou você percebe a iminência de um acidente, os hormônios de estresse bloqueiam de imediato o processamento consciente para garantir que a poderosa mente subconsciente entre em cena para controlar a situação.

A hipnose e o cultivo de hábitos são os principais meios de se programar o comportamento na mente subconsciente. Por isso, esforços conscientes, como falar consigo mesmo, ler um livro de autoajuda ou espalhar bilhetes pela casa têm pouco ou nenhum efeito quando se trata de mudar programações subconscientes, a menos que as ações sejam repetidas com regularidade até se estabelecer um novo hábito.

a) *Mindfulness*/hábito: a primeira coisa que fiz quando tomei conhecimento de que precisava me reprogramar foi criar o hábito do chamado *mindfulness*, ou seja, prestar atenção aos meus pensamentos! O objetivo dessa técnica é fazer com que todas as ações e decisões que você toma tenham origem em suas vontades e desejos, partindo de sua mente *consciente*, não no piloto automático.

Ao prestar atenção no processo, logo aprendi que não apenas voltava para o piloto automático ao menor deslize e perda de foco de minha mente consciente, mas também que os pensamentos desse piloto automático não ajudavam muito. Pesquisas mostram que 65% de nossos pensamentos são negativos e/ou redundantes.[10] Uma forma de fazer esse exercício é observar seus pensamentos enquanto faz alguma tarefa corriqueira, como dirigir. Enquanto está parado esperando o sinal verde, você perceberá que sua mente não para. Os pensamentos fluem constantemente. Quando comecei a observar esses pensamentos errantes percebi que eles não refletiam a realidade em que eu queria viver; apenas indicavam aquilo que eu manifestava. (Exemplo: *Não vou chegar a tempo. Não quero fazer isso. Esse trânsito é um pesadelo.*) Como eu disse, pensamentos positivos nem sempre são suficientes, mas são um bom começo. Comecei, assim, a corrigir de imediato todos os pensamentos negativos que iam surgindo em minha mente, dando a eles uma resposta positiva e, ao mesmo tempo, me esforçando para me manter *conscientemente* no momento presente. Corrigir os pensamentos que vêm à nossa mente com mais frequência gera um hábito que faz os pensamentos negativos serem "editados" antes mesmo de termos consciência deles.

A técnica de *mindfulness* pode ser um pouco difícil de praticar quando estamos na correria diária, pois nossos pensamentos estão constantemente organizando e administrando os detalhes de tudo. Esse é o motivo pelo qual ela tem que ser praticada a vida toda, segundo os budistas.

Em 2010, os pesquisadores da Universidade de Harvard descobriram que as pessoas passam quase a metade das horas em que estão acordadas pensando em coisas que não estão fazendo, e que essa dispersão lhes causa muito incômodo (mesmo que estejam divagando sobre assuntos que lhes deem prazer). O estudo concluiu: "a mente humana diverga constantemente, e isso causa bastante desconforto. A habilidade de pensar sobre

---

10 Val Kinjerski, *Rethinking Your Work: Getting to the Heart of What Matters* [Repense seu Trabalho: Foco no Que Realmente Importa] (Chesapeake, VA: Kaizen Publishing, 2009).

coisas que não estão acontecendo no momento é uma conquista de nosso desenvolvimento que teve um custo alto".[11] Esse desconforto é intensificado pelo fato de que, enquanto nossas mentes divagam, nossos programas subconscientes sabotam ativamente nossos desejos. O que quero enfatizar aqui é que o aspecto mais interessante do estudo de Harvard é que praticar *mindfulness* é bem mais fácil quando se está praticando sexo. O estudo indica que, em voluntários, a divagação ocorria apenas em 10% do tempo quando eles estavam tendo relações sexuais.[12] Isso explica o motivo de aqueles que estão em lua de mel terem mais facilidade de funcionar no modo *consciente*. Quando estamos em modo *mindful* (e não apenas no momento do sexo), os desejos de nossa mente *consciente* se manifestam e, assim, podemos fazer com que o Efeito Lua de Mel dure efetivamente!

b) Hipnose/áudios com mensagem subliminar: quando acordamos de um sono profundo, as vibrações de frequência cerebral passam das ondas inconscientes delta, mais lentas, para a frequência theta, mais alta. Esse é o estado cerebral associado à imaginação, conforme mencionei. E também ao de devaneio do crepúsculo que temos com frequência ao acordar, em que misturamos sonho e realidade. A experiência de estarmos em theta mescla os dois elementos, uma característica de comportamento bastante comum em crianças com menos de sete anos. Como adulto, você já deve ter tido momentos theta assim que o alarme toca de manhã. É aquele estado "grogue" de quando

---

[11] Matthew A. Killingsworth e Daniel T. Gilbert, "A Wandering Mind Is an Unhappy Mind" [Uma Mente Que Divaga é uma Mente Infeliz], *Science*, vol. 330, n. 6006 (12 de novembro de 2010).

[12] Bill Hendrick, "Wandering Mind May Lead to Unhappiness: Researchers Say People Are Most Happy Having Sex, Exercising, Socializing, Mainly Because Such Activities Help Keep the Mind from Wandering" [A Divagação da Mente Pode Levar à Infelicidade: Pesquisadores Afirmam Que as Pessoas São Mais Felizes Quando Praticam Sexo, Se Exercitam e Socializam Porque Tais Atividades Ajudam a Mente a Se Manter Focada], *WebMD*, www.webmd.com/balance/news/20101109/wandering-mind-may-lead-to-unhappiness (11 de novembro de 2010).

você mistura o som do alarme com o sonho que está tendo. É um bom exemplo de mistura de imaginação com realidade. Assim que você desperta por completo, a atividade cerebral EEG sobe para frequências alfa mais altas e passa a um estado mais calmo e consciente. Quando chega ao trabalho, seu cérebro está em modo acelerado e em ondas beta. Para sua sorte, ao retornar para casa, a frequência de suas ondas EEG cai e o cérebro reduz do estado beta para o alfa, mais calmo, depois para theta e, enfim, para o estado delta de sono profundo. Essa oscilação das frequências EEG significa que, duas vezes ao dia, seu cérebro passa pelo estado semelhante ao da hipnose, que é o estado theta. Portanto, nesses momentos você tem a oportunidade de reprogramar suas crenças subconscientes de forma natural. Claro, diversos estudos já comprovaram que meditantes conseguem elevar a frequência das ondas theta. Por exemplo: em uma experiência feita em 2009 com meditantes experientes no Acem Meditation Institute [Instituto de Meditação Acem], através de um método não diretivo desenvolvido na Noruega, os voluntários descansavam vinte minutos e em seguida meditavam por vinte minutos. Durante a meditação, observou-se neles um significativo aumento de theta, em particular no lobo frontal e na parte mediana do cérebro.[13]

Quando descobri que as crianças absorvem grandes quantidades de informação nesse estado semi-hipnótico, decidi experimentar isso em mim mesmo usando áudios subliminares desenvolvidos para programar pensamentos e crenças positivas na mente subconsciente. Escolhi para isso um áudio de Louise Hay (a Grande Dama do autodesenvolvimento) para redução do estresse e desenvolvimento da paciência. O áudio se inicia com um exercício de relaxamento para acalmar a mente consciente e conduzir o ouvinte ao estado programável das ondas

---

[13] Jim Lagopoulos *et al.*, "Increased Theta and Alpha EEG Activity During Nondirective Meditation" [Aumento de Atividade Theta e Alfa EEG durante a Meditação Não Diretiva], *The Journal of Alternative and Complementary Medicine*, vol. 15, n. 110 (Novembro de 2009).

cerebrais de baixa frequência alfa e theta. Na primeira vez em que coloquei os fones e ouvi o áudio, estava indo dormir. Minha mente consciente se manteve alerta o tempo todo. Ouvi o áudio várias vezes. Em determinado momento, nem cheguei a passar dos exercícios de relaxamento. Simplesmente apaguei. Algum tempo depois eu simplesmente relaxava assim que colocava os fones. O áudio ia gerando continuamente pensamentos positivos enquanto eu mergulhava nas ondas cerebrais de baixa frequência como uma criança. Não era necessário qualquer esforço. Bastava colocar os fones para adormecer. As mudanças foram acontecendo de forma sutil; nada da noite para o dia. Mas logo pude sentir algumas diferenças. As coisas pareciam estar melhorando. Algum tempo depois, analisando os eventos mais recentes em minha vida, percebi que meu comportamento havia se modificado de modo drástico.

c) Psicologia energética: no passo seguinte da reprogramação de minha mente consciente, utilizei um novo método de cura chamado psicologia energética. Na lista de itens de psicologia energética do item FONTES/REFERÊNCIAS e no Apêndice A ao final do livro, e também em meu *website*, você encontrará diversas versões dessa prática. Apesar das diferentes modalidades, uma coisa fica bastante clara: a psicologia energética permite efetuar mudanças radicais de comportamento em questão de minutos e, em muitos casos, as mudanças produzem alterações permanentes no comportamento programado no subconsciente. Adoro essas novas tecnologias porque elas fazem cair por terra incontestavelmente crenças dominantes (e destinadas a controlar o comportamento das pessoas) de que mudar dá muito trabalho e é muito difícil. Hoje vejo claramente que se trata de mais um recurso para estimular a resistência à mudança. É incrível ver que essas novas ferramentas de psicologia surgem em um momento em que a evolução está induzindo a fazer mudanças, ou seja: *agora*. A necessidade é a mãe da invenção. Não temos mais anos e anos para mudar o comportamento humano.

Embora não se tenha criado um mecanismo que possa mensurar a rapidez das mudanças comportamentais resultantes dessas práticas, pode-se observar que elas estão ocorrendo e que são permanentes. Pessoalmente, posso dizer que conheço bem o procedimento PSYCH-K, criado por Rob Williams. Trata-se de uma técnica de equilíbrio muito eficaz que mudou minha vida de forma radical. Nos últimos anos, soube de centenas de pessoas em todo o mundo que utilizaram o PSYCH-K para efetuar mudanças em si mesmas. Até pouco tempo, os resultados positivos das tecnologias de equilíbrio energético se resumiam apenas a relatos de indivíduos que as experimentavam. Mas hoje os novos estudos de mapeamento 3-D que utilizam eletroencefalografia quantitativa (EGq ou QEEG) e tomografia eletromagnética de baixa resolução (LORETA) oferecem dados mensuráveis e objetivos quanto às mudanças significativas e duradouras no comportamento do cérebro após uma única sessão de dez minutos de PSYCH-K.[14]

Estudos de mapeamento cerebral revelam que o PSYCH-K induz a um "estado integrativo" em que os hemisférios central, esquerdo e direito do cérebro começam a trabalhar juntos, um efeito conhecido como sincronização hemisférica. Em nossa condição normal desperta, funcionamos utilizando predominantemente o hemisfério esquerdo, que se ocupa da lógica. Em contraste, o hemisfério direito está associado ao processamento das emoções. Nos momentos em que o hemisfério esquerdo domina, nossa tendência é sobrepor as reações emocionais com o uso da lógica. Segundo o neurocientista Jeffrey L. Fannin, Ph.D., a atividade integral do cérebro afeta positivamente o indivíduo, indo muito além da cura física e psicológica. A pesquisa de mapeamento do dr. Fannin indica que a função integral do cérebro é um "portal para estados de consciência mais elevados",

---

[14] Jeffrey L. Fannin e Robert M. Williams, "Leading Edge Neuroscience Reveals Significant Correlations Between Beliefs, the Whole-Brain State, and Psychotherapy" [Descobertas da Neurociência Revelam Relação Significativa entre Crenças, Estados Mentais Integrais e Psicoterapia], *CQ: The CAPA Quarterly* (Agosto de 2012).

algo equivalente a uma capacidade de aprendizado muito acima da média associada à maior funcionalidade como um todo e à consciência espiritual.[15] Mas é importante frisar que o PSYCH-K não funciona para todas as pessoas. Na verdade, não existe uma técnica que seja eficaz para todos. Caso uma das que estão no Apêndice A e em FONTES/REFERÊNCIAS deste livro não funcione para você, não desista! Tente outra.

4.Comunicação

Para criar o Efeito Lua de Mel, é imprescindível que os casais aprendam a se comunicar em nível mais profundo, mas isso não é possível quando os dois não têm o mesmo nível de consciência. Quando ambos têm consciência dos bloqueios subconscientes que enfrentam, podem transformar o que seria uma briga em uma discussão produtiva. "Você prestou atenção no que acabou de dizer? É isso mesmo que você quis dizer? Percebe que parece estar repetindo as mesmas frases? Esse pode ser um comportamento que você herdou de seu pai?" Esses são exemplos de perguntas que podem oferecer uma oportunidade para os dois perceberem com mais clareza seu comportamento inconsciente e como essas programações podem destruir um relacionamento. Mas, se apenas um dos dois tem consciência desse tipo de programação comportamental, tentar esse processo é como falar com uma parede. Se o outro não está interessado ou pronto para a mudança, ela simplesmente não ocorre. Mudanças requerem esforço conjunto!

5.Paciência

Se você percebe um problema em seu relacionamento hoje e o mesmo problema se repete com frequência, não se surpreenda. Lembre-se: trata-se de modificar padrões de uma vida inteira. Mudar um relacionamento não é algo que ocorre da noite para

---

15 Jeffrey L. Fannin e Robert M. Williams, "*Neuroscience Reveals the Whole-Brain State and Its Applications for International Business and Sustainable Success*" [A Neurociência Revela o Estado Mental Integrado e suas Aplicações em Negócios Internacionais e Sucesso Sustentável], *International Journal of Management and Business*, vol. 3, n. 1 (Agosto de 2012).

o dia. Para modificar padrões disfuncionais recorrentes é preciso ter paciência com você mesmo, com o parceiro e com os hábitos teimosos que insistem em se repetir. Se os dois conseguirem resolver os problemas que surgem através de discussões construtivas em vez de brigas, já estão no caminho de uma nova vida. Vejamos um exemplo clássico. O rapaz está bravo com a namorada, mas não quer discutir o assunto. Já a namorada quer falar a respeito, e com detalhes. É a receita perfeita de desastre, pois ela irá continuar falando enquanto ele estabelece uma distância cada vez maior dela com seu silêncio. No meu caso, quando eu finalmente tomei consciência de que meu "hábito" de não comunicação atrapalhava a resolução de nossos problemas, percebi que Margaret estava realmente empenhada em sanar todos eles. Um dia, quando consegui me colocar em estado de calma e falar a respeito, pude enfim dizer a ela que, enquanto estava no processo habitual, de desconexão, ouvia o que ela dizia mas não conseguia me comunicar. Pedi então que tivesse paciência comigo. E que continuasse a falar enquanto eu tentava, internamente, escapar de meu comportamento destrutivo habitual. Após esse momento de profunda reflexão e consciência, cada vez que eu reagia me desconectando, minha mente consciente assumia o controle e interrompia o comportamento disfuncional. Após algum tempo, minha reação repetitiva acabou modificando o comportamento limitante e hoje conseguimos resolver com facilidade nossos problemas, sem recorrer a reações inconscientes e automáticas. Acabaram-se os confrontos. Ufa. Como a vida ficou mais fácil. *Paz, finalmente!*

6. Prática

Quantas vezes você repetiu a tabuada até conseguir memorizá-la? Quantas vezes teve que praticar até se sentir seguro para dirigir? Com hábitos do subconsciente é a mesma coisa: eles não somem de uma hora para outra. É preciso praticar novos hábitos até que eles se tornem automáticos. E hábitos não são como lembretes que colamos na geladeira para não esquecer;

são comportamentos que repetimos até serem totalmente internalizados.

As técnicas que mencionei podem ajudá-lo a fazer as mudanças que deseja. Sou um cientista e posso dizer que meu relacionamento com Margaret, que tanto me ensinou, é um grande experimento bem-sucedido que resultou em vivermos Felizes para Sempre. Eu não teria escrito este livro se não tivesse certeza disso! Quando você remove os obstáculos de sua programação subconsciente, passa a ser livre para ter uma vida de romance e cheia de criatividade; é um grande sonho que finalmente se realiza. Programar os desejos e aspirações de sua mente consciente na mente subconsciente permite estabelecer uma eterna lua de mel. Mesmo quando você estiver em modo automático, como ocorre com todos nós, os comportamentos negativos antigos não serão mais dominantes, porque seus programas subconscientes agora estarão de acordo com os desejos de sua mente consciente. Quando suas quatro mentes estiverem alinhadas, você e seu parceiro voltarão a ser as pessoas adoráveis que eram nos primeiros dias de relacionamento.

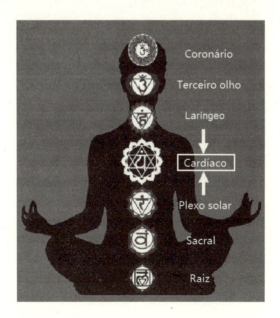

Essa figura dos sete principais chacras, os pontos de energia do corpo, ilustra visualmente as consequências românticas de se unir a fisiologia e o comportamento. Podemos ver os três chacras inferiores (o plexo solar, o sacral e o raiz), que representam a influência de nossa biologia física (especialmente de nossa fisiologia) em nossa vida. Os três chacras superiores (coronário, terceiro olho e laríngeo) representam as influências derivadas de nossa consciência, nossa fisiologia. O chacra do meio é o cardíaco, que representa amor incondicional por nós mesmos e pelos outros.

Quando os sete chacras dessa ilustração estão alinhados, não há bloqueio de energia; ela flui livremente através de cada um deles. O chacra cardíaco está propositalmente maior que os outros na figura porque, quando você alinha fisiologia e psicologia, e passa a amar a si mesmo para que os outros possam amá-lo e você possa amá-los, seu coração se expande e se abre para seu parceiro e para o mundo. Ao manifestar a vida que você *escolhe*, não a vida que foi programada por sua família, você pode enfim ser feliz.

Bem-vindo ao Efeito Lua de Mel!

CAPÍTULO 5

Gases nobres: espalhe paz, amor e chá de tulsi

> Seja você mesmo a mudança que
> deseja ver no mundo.
> — Mahatma Gandhi

Espero tê-lo convencido, nos capítulos anteriores, de que você pode criar o relacionamento de seus sonhos. Neste capítulo quero convencê-lo de que o Efeito Lua de Mel é muito mais que criar um maravilhoso relacionamento a dois. Envolve o conceito químico de "gases nobres" e também de espalhar o amor de cura em um planeta onde há tanto sofrimento.

Gases nobres

Para explicar essa expressão tão grandiosa é preciso recordar algumas questões de química. E agora não se trata das poções de amor que se espalham em seu corpo quando você se apaixona perdidamente (Capítulo 3), e sim dos elementos da tabela periódica que você amava ou odiava quando estudava química na escola. Claro, eu era um dos que amava química (e detestava literatura), e ainda amo estudar a natureza do Universo que o padrão dos 118 elementos da tabela periódica revela.

A tabela periódica é uma obra-prima de informações químicas organizadas que define as características do universo físico. O que sempre me intrigou foram as características distintas dos seis gases nobres, os elementos que ficam na última coluna à direita da tabela, uma subdivisão chamada "Grupo 18". Os gases nobres[1] são hélio (He), neônio (Ne), argônio (Ar), criptônio (Kr) (que não se trata do elemento que tirava a força do super-homem), xenônio (Xe) e radônio (Rn). A característica principal desses gases inodoros e incolores é serem os únicos elementos na tabela periódica que não formam compostos químicos (exceto sob circunstâncias muito especiais). Os outros 112 elementos da tabela periódica estabelecem facilmente ligações uns com os outros para criar as moléculas físicas que compõem as estrelas, os planetas e a biosfera. O segredo de tais átomos criarem essa "química", ou seja, uma tendência natural de se ligarem uns aos outros, pode ser explicado quando comparamos as estruturas dos gases nobres com as dos outros elementos da tabela periódica. Na estrutura de um átomo, os prótons têm carga positiva e os elétrons, uma carga igual, só que oposta, negativa. O número de prótons positivos em um átomo é igual ao número de seus elétrons negativos. Portanto, cada átomo é eletromagneticamente neutro, sem carga. A magia da química que cria o Universo não está no número de partículas carregadas de um átomo, e sim em sua distribuição. Enquanto os prótons se agrupam no núcleo do átomo, os elétrons orbitam ao redor desse núcleo como satélites. Se usarmos uma descrição simplificada, os elétrons que orbitam se distribuem em camadas concêntricas (conchas) ao redor do núcleo central. Cada concha contém um número específico e máximo de

---

1 N.E.: Recentemente o Oganessônio (Og) foi reconhecido como elemento do mesmo grupo dos gases nobres, sendo o sétimo elemento do "Grupo 18".

elétrons (concha 1 = 2 elétrons, concha 2 = 8 elétrons, concha 3 = 18 elétrons, concha 4 = 32 elétrons e concha 5 = 50 elétrons). Com exceção da primeira concha, as demais possuem diversas subcamadas. Quando uma camada ou subcamada já está preenchida com o número máximo de elétrons, eventuais elétrons adicionais são distribuídos pelas demais camadas externas concêntricas. Cada vez que uma camada se enche, os elétrons que sobram são adicionados às camadas externas conseguintes e assim por diante. Em suma: átomos giram como nanotornados. Quando uma das conchas não contém o número máximo de elétrons que deveria, isso faz com que o átomo oscile enquanto gira.

Vejamos uma analogia simples: imagine uma daquelas máquinas de lavar roupas com abertura na parte superior. O tambor dela gira como um átomo. O que acontece se você colocar um cobertor apenas em um lado do tambor, sem distribuí-lo de modo uniforme? Quando estiver centrifugando, a máquina irá sacudir e vibrar, fazendo um grande barulho. A concha de um átomo que tenha um número insuficiente de elétrons irá se comportar exatamente da mesma maneira. No caso da máquina de lavar, para acabar com o problema, você abre a tampa e redistribui o cobertor de maneira igual pelo tambor. Assim, ela passa a girar em perfeito equilíbrio. Os 112 elementos que têm conchas com elétrons faltando buscam equilíbrio para evitar a oscilação se associando a outros átomos que também tenham oscilação. Unidos, eles giram em harmonia. O número de conchas ocupadas por elétrons e o preenchimento das conchas externas definem a atividade química de um átomo. Os gases nobres são elementos especiais, pois são os únicos que possuem naturalmente conchas já preenchidas. Como giram em perfeito equilíbrio, em geral não buscam se ligar a outros elementos e por isso são quimicamente inativos. Em contraste, a ligação química entre os outros 112 elementos representa o esforço deles para compensar a oscilação. Portanto, a ligação química é um relacionamento codependente em que cada átomo depende e "precisa" de outro para ter paz e harmonia. A palavra-chave para descrever tais relacionamentos seria "carência". Tomemos o exemplo de átomos de sódio e de cloro, elementos que se completam com perfeição. O cloro (Cl) tem um total de 17 elétrons que ocupam três conchas: dois elétrons em sua primeira concha (capacidade máxima), oito na segunda concha (capacidade máxima) e sete na concha mais externa. Para adquirir equilíbrio em seu giro, o cloro precisaria de mais um elétron para preencher o espaço em sua camada externa (veja a seta B na figura a seguir).

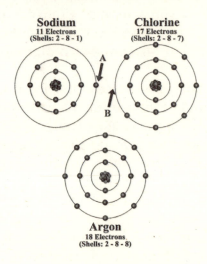

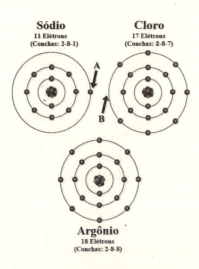

Ilustração simplificada de um átomo de sódio, um átomo de cloro e um átomo de argônio. O núcleo central do átomo é um agrupamento de prótons positivamente carregados e de nêutrons não carregados. Ao redor do núcleo estão elétrons distribuídos em círculos que representam as conchas do átomo. Os átomos de argônio giram em equilíbrio porque suas conchas externas estão preenchidas com o complemento exato de elétrons. Já os átomos de sódio e de cloro giram com oscilação porque suas camadas externas de elétrons estão incompletas.

O sódio (Na), por sua vez, tem um total de 11 elétrons em suas três conchas: dois em sua primeira concha (capacidade máxima), oito na segunda (capacidade máxima) e apenas um elétron na concha externa. Para adquirir equilíbrio, a camada externa do sódio teria que adquirir mais sete elétrons ou expelir o elétron excedente (conforme indica a seta A na ilustração anterior). Tanto a concha externa de elétrons do sódio quanto a do cloro estão incompletas. Quando eles estão separados, seu movimento lembra o da máquina de lavar com o cobertor amontoado em um canto. Mas quando os dois se unem surge a "química"; isso ocorre devido à tendência no Universo de encontrar equilíbrio por meio da união. Eles deixam de oscilar e se estabilizam. Ao criar a chamada ligação iônica, o sódio cede o elétron excedente de sua concha externa ao parceiro cloro, que usa esse elétron para completar sua concha externa (veja a seta na figura a seguir). *Voilà!* Através dessa parceria, cada átomo tem agora uma camada externa completa e juntos eles giram em perfeito equilíbrio. Trata-se de um relacionamento com base no complemento das necessidades um do outro.

Cloreto de sódio

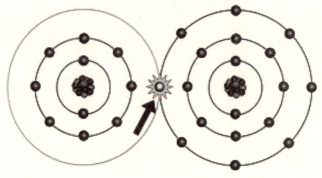

Sodium Chloride

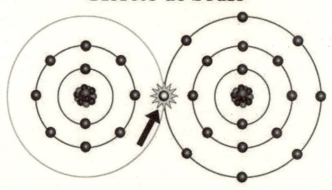

Cloreto de Sódio

Como expliquei no capítulo anterior, devido às práticas convencionais culturais e de parentesco nem sempre positivas, praticamente todos nós somos, até certo ponto, psicologicamente "desequilibrados" do ponto de vista psicológico. Como indivíduos nessa condição, nossa tendência é a mesma dos átomos: buscamos um parceiro que também esteja em desequilíbrio para nos complementar. Quando dois parceiros complementam os desequilíbrios um do outro, eles podem girar "em harmonia", sem oscilações. Enquanto nossa mente consciente busca parceria com indivíduos que satisfaçam nossos desejos, a mente subconsciente busca pessoas que possuam características que complementem nossos desequilíbrios inconscientes. Um exemplo de relacionamentos codependentes extremos é o dos sádicos, que adoram infligir dor e buscam masoquistas, que sentem prazer ao sentir dor.

No processo inconsciente de criar relacionamentos codependentes não se perdem elétrons, mas pode-se perder a sanidade convivendo com um parceiro desequilibrado que sua *mente subconsciente* atraiu, ao invés do parceiro maravilhoso que sua mente consciente imaginou. E, mesmo quando seu relacionamento pós-lua de mel se deteriora e o parceiro de seus pesadelos decide pular fora, você pode se surpreender ao se ver implorando para que ele fique: "Não me *abandone!*" Você sabe que seu parceiro é abusivo, mas não quer que ele se vá porque ele equilibra algo disfuncional em sua vida. Essa é a definição de codependência! Lembra-se da mulher no Caribe que eu quase enlouqueci porque me recusei a discutir com ela? Dá para imaginar o tipo de programação que ela recebeu quando criança, a ponto de associar amor a abuso verbal e gritos. As pessoas buscam aquilo que consideram amor, ainda que seja uma forma perversa dele, pois, como expliquei no Capítulo 1, temos a necessidade biológica de encontrar um parceiro e a necessidade biológica/psicológica de gravitar ao redor daquilo que consideramos amor. Para estar em equilíbrio, aquela mulher *precisava* de alguém com quem brigar! Apesar de reclamar do parceiro anterior, ela não queria mudar; buscava inconscientemente mais abuso. Se aprendi algo na vida, é que não se pode mudar as pessoas. A menos que elas *peçam* ajuda, seus esforços serão inúteis.

É óbvio, como já deixei bastante claro neste livro, que nunca fui um modelo de equilíbrio. Lembra-se da outra mulher no Caribe que me disse, com total razão, que eu era muito carente? Em minha desesperada e imperativa busca biológica por uma parceira para encontrar equilíbrio, acabei procurando amor nos lugares errados. Assim como a mulher que associava amor a brigas e gritos, eu procurava nos lugares "certos", considerando que minha mente subconsciente estava repleta de programação negativa. Eu buscava inconscientemente um relacionamento codependente para equilibrar minha vida.

Gases nobres: lasers e amor

Vejamos agora o equivalente químico daquilo que descrevi no capítulo anterior. Uma vez que você alinha suas mentes consciente e subconsciente, deixa de ser um átomo de sódio procurando desesperadamente um átomo de cloro. Passa a ser um gás nobre girando em perfeito equilíbrio. Não há mais a "carência" de encontrar outro elemento para completá-lo.

Você pode achar que os gases nobres são algo estranho para se usar como modelo justamente no último capítulo de um livro chamado *Efeito Lua de Mel*, mas posso afirmar que eles são menos estranhos do que aparentam. Pobre argônio, pobre neônio... jamais encontrarão amor de verdade porque giram tão bem sozinhos que jamais precisarão de um parceiro.

Mas a verdade é que, quando pessoas que giram em equilíbrio como um gás nobre se deparam com relacionamentos disfuncionais como os que tinham antes de descobrir seu equilíbrio, simplesmente os recusam. Átomos instáveis podem girar ao redor de gases nobres o quanto quiserem. Não são atraídos por eles, que continuam girando sozinhos e felizes. Costumo dizer em minhas palestras: "gases nobres podem até gostar dos instáveis, mas não se *juntam* a eles!"

A verdade é que os gases nobres vivem perfeitamente felizes, mesmo sozinhos. Quando modifiquei minha programação subconsciente negativa (e posso dizer que alguns resquícios dela ainda surgem de vez em quando), pude enfim estar em paz comigo mesmo. Passei no teste do "mereço ser amado" e, pela primeira vez, não tive mais aquela *necessidade desesperada* de ter alguém para me sentir completo. Durante um bom tempo fiquei sozinho e não senti falta de companhia. Vivi um período de plenitude, anunciando ao mundo da nova ciência que os genes não determinam nossas vidas ou relacionamentos. Minha nova paixão agora era me conectar e fazer amizade com pessoas que se sentissem e pensassem como eu. Passei a viver, sozinho, o Efeito Lua de Mel em minha vida.

Mas você pode perguntar: como os gases nobres estabelecem relacionamentos, já que são capazes de girar tão bem por si sós? A resposta é: maravilhosamente! Para entender essa resposta, é preciso considerar outra característica dos gases nobres, que é a capacidade de formar *excímeros*. Excímero, abreviação de dímero excitado, é uma associação especial entre dois átomos que normalmente não se uniriam em seu estado normal. Quando um átomo de gás nobre é atingido por um fóton de luz, seu estado "normal" é profundamente alterado. O átomo absorve a energia do fóton e passa a vibrar mais rápido devido ao seu alto nível de energia. Em outras palavras, um átomo de gás nobre "iluminado" se torna "excitado". Um átomo de gás nobre em estado excitado *vai* em busca de estabelecer parceria com outro átomo de gás nobre para compartilhar sua excitação. Átomos de gases nobres excitados formam dímeros (excímeros), que são quimicamente representados como: Ar_2, Kr_2, Xe_2, He_2, Ne_2 e Rn_2. Diferentemente da "química" convencional, baseada na associação codependente para produzir giro equilibrado e estabilidade, os átomos dos gases nobres energizados são como pessoas realizadas e prontas para o amor altruísta e um mundo de colaboração e compaixão. Ao modificar meus programas subconscientes desequilibrados, acabei me tornando um "átomo excitado", girando em equilíbrio, até que Margaret surgiu em minha vida e criamos nosso duradouro excímero Felizes para Sempre (veja o Conclusão). Isso lembra o filme/documentário *After Happily Ever After* [Depois do Felizes para Sempre], um belo compêndio (além de completo, contendo até mesmo uma personificação de Elvis versão Las Vegas) sobre casamentos. O documentário mostra que 90% das pessoas nos Estados Unidos se casam, mas apenas 50% dos casamentos duram. No filme, Stephanie Coontz, autora de *Marriage, a History: How Love Conquered Marriage* [Casamento, uma História: como o Amor Conquistou o Casamento], explica: "é a primeira vez, em centenas de anos, que o casamento ocorre não apenas por amor, mas também por respeito mútuo e oportunidades iguais para homens e mulheres [...]. Quando um casamento dá certo, desenvolve-se um relacionamento mais justo, satisfatório e seguro (tanto para o casal quanto para os filhos), como jamais houve na história da humanidade". Para mim, essa é uma definição de associação entre gases nobres!

O relacionamento excitado de um excímero faz com que ele emita mais energia como fóton de luz. Pares de excímeros brilham! Sob condições normais, o ciclo de vida de um excímero brilhante e solitário é relativamente curto. No entanto, se há outros átomos de gases nobres nas proximidades, eles podem absorver o fóton emitido e se excitar também, o que significa que excímeros podem ajudar a criar mais excímeros. Essa característica de excitação dos gases nobres levou ao desenvolvimento do laser, que é a abreviação de *light amplification by stimulated emission of radiation* (amplificação de luz por emissão estimulada de radiação). Um laser é um tubo cheio de gases nobres que recebem energia e se excitam. A energia estimula a formação de dímeros de gases nobres excitados (associação). Os excímeros ativados irradiam e emitem os próprios fótons, que, por sua vez, ativam outros átomos de gases nobres na comunidade para formar dímeros excitados. À medida que a população de excímeros ativados aumenta, os fótons que eles emitem criam uma reação em cadeia que resulta em "amplificação da luz" através da produção crescente de excímeros brilhantes. No início, o resultado é apenas uma pequena luz. Mas, conforme a emissão da radiação de excímeros estimulados aumenta, ela se torna cada vez mais brilhante. Criar coerência entre os fótons emitidos, alinhando suas ondas de luz, resulta na produção de um feixe de laser – uma luz tão poderosa que pode abrir um buraco em uma parede de aço. Certa vez criei um show de laser e posso afirmar que o efeito caleidoscópico, a intensidade e a pureza dessa luz são capazes de criar um impacto incrível na audiência. Da mesma forma, humanos "iluminados" como os gases nobres podem ter um impacto semelhante e poderoso no planeta, pois compreendem a verdade implícita no empreendedorismo, no humanitarismo e nas palavras do filantropo Bharat Mitra: "todo ser humano tem em si o desejo inato de participar de algo maior". O melhor exemplo disso é o dos gases nobres como o próprio Bharat Mitra (Yoav Lev) e sua esposa Bhavani (Holly B.), fundadores da Organic India, uma comunidade que está ajudando a curar nosso planeta (um assunto de que trataremos mais adiante).

Não é preciso ser um especialista aeroespacial, um especialista em clima, um ativista antiguerra ou um biólogo celular para saber que o planeta precisa de cura. O que a humanidade enfrenta neste momento tem nome. Quando as células de nosso corpo começam a lutar umas com as outras, isso se chama doença autoimune. A humanidade, esse superorganismo composto de mais de 8 bilhões de pessoas no planeta, passa neste momento por um sério caso de doença autoimune. Com exceção de nós, todos os organismos que compõem a biosfera convivem em regime de cooperação. Já os seres humanos criam a própria extinção ao se desconectarem da natureza. Prognósticos de que não haverá mais peixes no oceano em trinta anos podem parecer pesadelos de ficção científica, mas são uma realidade científica e devem ser tomados como aviso de que temos de modificar nossa maneira de viver. Sejam doenças ou crises sociais, todos os problemas que enfrentamos vêm de nossa incapacidade em entender que, ao destruirmos o ambiente, destruímos a humanidade. Segundo a teoria de Gaia, de James Lovelock, nosso planeta é um organismo integrado e complexo; somos parte integral do ambiente e, se o destruirmos, acabaremos por destruir a nós mesmos.[2] Se a Mãe Natureza decidisse levar a humanidade aos tribunais por essa doença autoimune, os advogados de defesa utilizariam a crença darwiniana da sobrevivência dos melhores e mais fortes e tomariam como exemplo os grandes Einstein e Beethoven para argumentar que a raça humana não deve ser condenada. Mas o argumento não iria muito longe, pois a evolução não é uma questão de *indivíduos* mais fortes em uma espécie, e sim do impacto da espécie como um todo. Nesse caso, as ações coletivas dos mais de 8 bilhões de pessoas neste planeta criaram um registro negativo e injustificável. As opções da humanidade são claras: podemos continuar a fazer o que sempre fizemos e acabar como os dinossauros ou podemos modificar nossa forma de viver. Mas, apesar de nossa tendência destrutiva, sou otimista. A evolução, como expliquei no Capítulo 1, é composta pela formação de comunidades cooperativas, e acredito que o caos atual irá nos levar (ainda que alguns tenham que ser arrastados) ao próximo estágio, em que os gases nobres predominam. Só que não adianta ficar sentado no sofá e esperar que, um dia, iremos abrir a porta e dar de cara com um grande e belo novo mundo. Evolução é um processo ativo, não passivo. Todos temos que participar. Sigo a teoria de Lovelock sobre Gaia e, principalmente, seu sábio conselho para evitar o velho adágio do "nós contra eles".

Se queremos viver bem com a Terra e sobreviver a este século, temos de entender que apenas lutar por direitos humanos não é suficiente. Temos de entender que tudo é vida: de bactérias a árvores, de amebas a baleias; somos todos parte do grande Sistema de Vida na Terra. E mais ainda: temos de agir por nós mesmos, e não esperar que alguém faça o nosso trabalho... Temos a tendência de ficar procurando bodes expiatórios para culpar pelos problemas ambientais, mas o problema começa em cada um de nós. Temos o poder de

---

2 James Lovelock, *The Vanishing Face of Gaia: A Final Warning* [O Desaparecimento de Gaia: Aviso Final] (New York: Basic Books, 2010).

determinar aquilo que fazemos, e é de suma importância ter isso em mente.³

Sei que é difícil seguir a regra de Lovelock quando as manchetes dos jornais mostram apenas notícias sobre derramamentos de óleo e políticos corruptos. De minha parte, considero mais fácil evitar apontar o dedo e achar bodes expiatórios quando penso que há gases nobres fazendo sua parte para mudar o mundo. Por isso decidi encerrar este capítulo apresentando a você alguns dos gases nobres com que tive a chance de me conectar em minha longa e fascinante jornada de transformação de cientista agnóstico em cientista espiritual.

Rosas, *tulsi* e dignidade

Quando Margaret e eu recebemos um convite para ir à Índia conhecer Bharat Mitra e Bhavani Lev, não pudemos recusar. Como não querer conhecer pessoalmente (e não apenas por Skype) o casal que fundou uma empresa e comunidade tão incrível como a Organic India, cuja filosofia é beneficiar Gaia. "A Criação é una com o todo. A Terra é una com o todo. Nós somos unos com o todo". Como muitos ocidentais, Bharat Mitra (de Israel) e Bhavani (dos Estados Unidos) foram para a Índia em busca de conhecimento espiritual. Lá eles encontraram um guru, Sri H. W. L. Poonjaji (Papaji), e também uma vida mais simples. Mas, diferentemente da maioria dos peregrinos, ficaram e fizeram de Lucknow (a capital do estado de Uttar Pradesh, e convivendo com Papaji) seu lar e a matriz da Organic India. Bhavani conta: "sentimos um chamado para iniciar uma revolução orgânica na Índia". Como bons e iluminados excímeros de gases nobres, Bharat e Bhavani excitaram outros gases nobres para criar uma comunidade e compartilhar essa luz, não apenas

---

3 James Lovelock, Goi Peace Prize Award 2000, "Dialogue Session: Dr. James Lovelock Meets Young People" [O Encontro de Dr. James Lovelock com Jovens], www.goipeace.or.jp/en/work/award/award-2000/speech.

entre si, mas também com o resto do mundo. E assim iniciaram sua revolução em 1997 na cidade de Azamgarh. Nos anos 1960, muitos agricultores dessa comunidade já tinham adotado os chamados métodos agrícolas de alta tecnologia da "Revolução Verde" que as corporações ocidentais haviam introduzido na Índia. Hipotecaram suas terras e vidas para comprar a promessa das caras sementes geneticamente modificadas. Depois, tiveram que fazer mais empréstimos para pagar os fertilizantes e pesticidas sintéticos e os modernos projetos de irrigação exigidos para cultivar as plantas geneticamente modificadas. O objetivo era evitar a fome no país, antes considerada inevitável, e, no começo, a ideia pareceu funcionar. As safras renderam e tanto as cidades pobres quanto seus agricultores prosperaram. Mas, quando a Organic India iniciou seu trabalho em Azamgarh, vários deles estavam sem esperanças e desesperados. As plantas tinham nascido, mas o processo havia consumido tantos lençóis freáticos que eles precisavam cavar poços cada vez mais fundos e, para isso, fazer mais empréstimos. Os organismos geneticamente modificados (OGMs) e os produtos petroquímicos produziram um desastre ambiental de consequências devastadoras. As "lavouras-monstro" de OGMs da Monsanto aceleraram a extinção dos nutrientes do solo, tornando as plantas mais frágeis, o que levou a uma invasão de insetos destruidores. Os agricultores precisavam fazer empréstimos cada vez mais altos para comprar pesticidas e conseguir manter suas plantações livres das pragas cada vez mais resistentes. Na última década, mais de 200 mil agricultores indianos, sem ter como continuar a trabalhar na terra estéril e pagar suas dívidas, tiraram a própria vida, muitas vezes através da ingestão proposital dos pesticidas que compraram com a garantia de uma vida melhor para si e suas famílias.[4] Por isso, quando a Organic India chegou a Azamgarh, os agricultores suspeitaram dos ocidentais que chegavam pedindo que eles modificassem radicalmente sua forma

---

4 Alex Renton, "*India's Hidden Climate Change Catastrophe*" [A Catástrofe Oculta da Mudança Climática na Índia], *The Independent*, 6 de agosto de 2012.

de trabalho. Resistiram muito à ideia do plantio orgânico, pois são necessários pelo menos três anos para que uma terra de cultivo seja considerada oficialmente orgânica. Apesar da desconfiança, um dos agricultores, chamado Kailash Nath Singh, decidiu arriscar e transformar seus três acres de terra em terreno orgânico. Foi um gesto também bastante simbólico. Singh não apenas tinha adotado a forma de cultivo de seus ancestrais como também a plantação de *tulsi* (manjericão-santo), uma erva medicinal usada há séculos pela medicina tradicional indiana (Ayurveda) para curar corpo e mente.

Hoje, quinze anos depois, graças ao subsídio da Organic India durante esse período de transição, há mais de mil fazendeiros orgânicos em Azamgarh e mais de 20 mil em todo o país. As histórias desses sitiantes e fazendeiros são a evidência da sustentabilidade do cultivo orgânico, do constante enriquecimento do solo, de animais mais saudáveis, menos abortos entre as mulheres e maior índice de sobrevivência infantil. Kailash Nath Singh diz: "o cultivo orgânico foi uma verdadeira bênção para nossa família. Nossas gerações futuras irão colher os benefícios e perceber que agora a terra não perde a fertilidade como acontecia quando se utilizavam produtos químicos em grandes quantidades". Foi uma experiência ímpar para mim e Margaret ver aqueles homens e mulheres cultivando *tulsi*, *psyllium* e os inebriantes campos de rosa (usadas no fabuloso chá de *tulsi* pétalas de rosa) de maneira sustentável. Eles estão literalmente curando a Terra; um campo de cada vez. Bharat Mitra declarou: "eles não apenas têm renda sustentável, mas também um ambiente saudável, animais com mais vida, e a própria saúde deles está melhor. Mas, acima de tudo, recuperaram a dignidade de serem agricultores. Isso é belo. Isso é natural. Isso é simples". A colheita é processada e transportada de Lucknow para o mundo todo, até chegar aos consumidores (como Margaret e eu) que adoram produtos orgânicos, o que significa que a Organic India tem hoje um impacto global. A empresa tem como meta se tornar um veículo de consciência. Trabalha de modo a beneficiar todos os seus funcionários *e* os consumidores que adquirem seus produtos de alta qualidade. Segundo Bhavani: "a menos que despertemos para o fato de que somos parte da mesma consciência, continuaremos tratando as pessoas como se elas não tivessem importância".

Bharat e Bhavani têm também um novo projeto, a AHIMSA (Associação de Ciência Médica Integrativa), uma fundação independente de pesquisas estabelecida a partir da parceria entre "profissionais da área médica integrativa, cientistas, pesquisadores e empreendedores sociais de visão", todos atuando com mentes e corações alinhados, com a integridade dos gases nobres (equilíbrio) e muita paixão (energia). Assim como um laser, o objetivo dos "excímeros" da comunidade AHIMSA é estimular a iluminação do mundo. Com dedicação incondicional, desejam "despertar" o interesse pela saúde nas grandes corporações, propiciando pesquisas independentes e de eficácia comprovada de medicamentos e tratamentos holísticos que "ajudam, inspiram e promovem Bem-estar Real para todas as pessoas". Margaret e eu ficamos honrados com o convite para participar da AHIMSA e acompanhamos seu impressionante progresso evolucionário. Uma das questões abordadas no processo de planejamento em termos de sustentabilidade é: "como a AHIMSA vê o futuro de nossos netos e das gerações seguintes?" Essa é uma perspectiva que não foi considerada na insustentável revolução agrícola "verde". Temos orgulho de fazer parte de um grupo que leva em consideração a perspectiva futura da saúde dos indivíduos e do planeta.

Criação consciente dos filhos

Em primeiro lugar, tenho que admitir que não estava pronto para ser pai e que não tinha a menor ideia da importância de um pai (*versus* o fator genético) no desenvolvimento de uma criança. Quando se olha sob uma perspectiva mais ampla, há muitas coisas que eu, como pai, gostaria de poder voltar no tempo e modificar. Hoje, ao ver minhas filhas e genros criando os filhos de maneira consciente, ou seja, de um modo que, diferentemente do avô, não terão que modificar tantas programações negativas, me pergunto como pude ser tão ignorante. Lembro-me então da descrição de Bharat Mitra sobre agricultura orgânica, que bem serve como descrição de como ser pai ou mãe de maneira consciente: "Isso é belo. Isso é natural. Isso é simples". Tão simples que a psicoterapeuta britânica Sue Gerhardt descreve em sua obra *Por Que o Amor É Importante: Como o Afeto Molda o Cérebro do Bebê [Why Love Matters: How Affection Shapes a Baby's Brain]*: "[...] minha pesquisa me leva a crer, principalmente, que, se houvesse vontade e recursos disponíveis, os danos causados a uma geração não precisariam ser transmitidos às gerações seguintes: uma criança negativamente afetada não precisa ser, necessariamente, um progenitor que afeta negativamente".[5]

Não há nenhum fator inevitável em gerações seguidas de progenitores negativos, e a importância de se quebrar esse ciclo é inestimável. Nos capítulos anteriores, mencionei que a programação negativa pode destruir relacionamentos, mas não mencionei o impacto profundo que bons progenitores podem ter em nosso planeta tão violento! Nos anos 1990, James W. Prescott, então diretor do setor de Saúde Infantil e Desenvolvimento Humano do National Institute of Health [Instituto Nacional Norte-Americano de Saúde], concluiu que as culturas mais pacíficas da Terra são aquelas em que pais e mães mantêm maior contato físico e afetivo com os filhos (carregando seus bebês junto ao peito ou às costas, por exemplo). Além disso, tais culturas não reprimem a sexualidade na adolescência, considerando-a um estágio natural do desenvolvimento que prepara os

---

[5] Sue Gerhardt, *Why Love Matters: How Affection Shapes a Baby's Brain* [Amor Importa: Como a Afeição Pode Moldar o Cérebro de um Bebê] (New York: Brunner-Routledge, 2004).

adolescentes para relacionamentos de sucesso na fase adulta. Ele também concluiu que crianças (e animais) que não recebem carinho físico não são capazes de refrear seus hormônios de estresse, uma falha que desencadeia com facilidade um comportamento violento. Prescott afirma: "como neuropsicólogo de desenvolvimento, dediquei boa parte de minhas pesquisas à relação peculiar entre violência e prazer. Estou convencido de que a privação de prazer físico sensorial é a principal causa da violência".[6] A pesquisa convincente de Prescott tem sido ignorada em sociedades "avançadas", nas quais o processo natural de nascimento foi "medicalizado", os recém-nascidos são separados de pais e mães por longos períodos, eles são ensinados a deixar os filhos chorarem para não acabarem mimados, as crianças pequenas são "estimuladas" a dar mais de si ouvindo que não são boas o suficiente e onde se acredita que, já que os genes determinam seu destino, deve-se deixar que as crianças se desenvolvam por si sós. Todos esses comportamentos não naturais são a receita da violência continuada no planeta.

É bastante difícil conscientizar o público em geral de que o empoderamento individual, a criação consciente dos filhos e a paz no planeta são elementos interligados, apesar de tudo isso já ter sido provado por sólidas pesquisas. Mas acredito que diante da atual crise global a mensagem de paz e holismo, baseada em revisões modernas do pensamento científico tradicional, está finalmente começando a ser ouvida. Uma indicação do aumento dessa consciência é que uma versão da "nova ciência", que é a união da física quântica, da epigenética e da criação consciente dos filhos que descrevi em *A Biologia da Crença*, já recebeu dois prêmios em reconhecimento a essa habilidade de gerar paz no mundo. O primeiro foi o Prêmio Goi da Paz de 2009, concedido anualmente por "contribuições significativas para o desenvolvimento de um mundo de paz e harmonia para todas as formas de vida na Terra". Hiroo Saionji, presidente da

---

6 James W. Prescott, *"Body Pleasure and the Origins of Violence"* [Prazer Corporal e as Origens da Violência], *The Bulletin of the Atomic Scientists* (Novembro de 1975).

Goi Peace Foundation [Fundação Goi da Paz], deixa claro que a mensagem de desenvolvimento individual da "nova ciência" é bem mais que empoderamento: "[esta] pesquisa [...] contribuiu para uma melhor compreensão da vida e da verdadeira natureza da humanidade, permitindo que um público cada vez mais amplo passe a assumir o controle de sua vida e se torne cocriador responsável de um harmonioso futuro planetário". O segundo reconhecimento público da "nova ciência" foi o Prêmio Thousand Peace Flags (Mil Banderias de Paz) de 2012, das Nações Unidas, patrocinado pelas organizações argentinas Mil Milenios de Paz e Fundación PEA (Fundação pela Paz, Ecologia e Arte).

É fácil enxergar nossos próprios dramas pessoais e esforços no sentido de estabelecer relacionamentos bem-sucedidos, mas esses prêmios ampliam e colocam todos os nossos dramas em uma escala muito maior e mais significativa. A promessa de uma "nova ciência" não é apenas a de um mundo sem relacionamentos codependentes e sem a necessidade de lutar a quatro mentes em um relacionamento, mas também a de um mundo sem violência em que todas as crianças possam receber tudo de que necessitam para viver melhor e criar um mundo melhor.

A conexão dos gases nobres

Enquanto me preparava para escrever este livro, perguntei à minha comunidade *on-line* se alguém já havia aplicado os princípios mencionados em *A Biologia da Crença* nos seus relacionamentos. O grande número de respostas positivas, especialmente no relato a seguir, me surpreendeu.

> Caro Bruce,
> Veja como *A Biologia da Crença* mudou para sempre meu relacionamento com meu marido: lembro-me até hoje de uma viagem de trem que fiz de Portland a Bellingham. Fui observando pela janela o reflexo da luz na água durante todo

o caminho e ouvindo a versão em áudio de *A Biologia da Crença*. Fiz uma lista mental de todos os pontos importantes para contar a meu marido, Martin, quando chegasse. Ele estava me esperando na estação de trem e, antes mesmo de eu falar, foi logo me contando sobre um livro incrível que tinha acabado de ler, *A Biologia da Crença*. Foi um divisor de águas para nós. Decidimos que era hora de mudar as "faixas" de programação que tocavam em nossa mente. Participei então de um curso de PSYCH-K, como sugerido no livro, para reprogramar a mente subconsciente (as "faixas") e ensinei o método a Martin. Fizemos uma lista de toda a nossa programação mental e usamos o teste muscular do método para equilibrá-la. Quando iniciamos esse processo, estávamos imersos em um frenético ritmo de trabalho, com pouco tempo um para o outro. Achávamos isso normal e não percebíamos a distância cada vez maior entre nós. As antigas crenças arraigadas em nosso subconsciente conduziam nosso relacionamento para o mesmo caminho do de nossos pais. Percebi o que aconteceria em poucos anos, quando seríamos quase dois estranhos um para o outro. Trocamos então a programação que não servia mais por uma nova. Com a consciência dessa reprogramação, começamos a estabelecer um novo caminho. Mudamos para um local mais calmo e decidimos iniciar um trabalho que desse vazão à nossa criatividade. Jamais imaginamos que iríamos acabar criando isto: http://kck.st/ybaRPo. Nosso relacionamento é muito mais rico agora e sinto que estamos na mesma vibração quando percebemos que nossos comportamentos programados surgem no dia a dia. Conseguimos trabalhar esses comportamentos e planejar juntos a melhor jornada para nossa vida.

Marcy Criner

Quando falamos com Marcy antes da publicação deste livro, descobri que o projeto que ela menciona, o *website* Kickstarter, um *app* de *iPad* que ajuda crianças a escrever e ilustrar histórias, não conseguiu patrocínio. Sem desanimar, Marcy e Martin seguiram em frente, sem recriminações do tipo: "*você* deveria ter feito isso... não, *você* é quem deveria ter feito aquilo". Juntos, eles decidiram iniciar um novo projeto (um curso *on-line*) que não requer patrocínio ou fundos externos. Marcy explica que, como ela e o marido não estavam mais repetindo os modelos dos relacionamentos de seus pais e criaram aquilo que a mente consciente tinha escolhido, eles conseguiram lidar melhor com o fato de não terem patrocínio. "Não ficamos nos recriminando, muito pelo contrário. Acabamos rindo da história e até criamos gravuras sobre as lições que aprendemos durante o projeto." Os dois acabaram percebendo que o projeto *foi* um sucesso, pois, através do Kickstarter, acabaram se conectando a diversas pessoas que lhes deram muito apoio. "O dinheiro deixou de ser o foco. Passamos a fazer as pessoas se unirem e compartilharem de nossa visão." Esse é mais um exemplo de comunidades de gases nobres espalhando luz.

Pode-se dizer que a internet é semelhante ao sistema nervoso humano, pois tem potencial para conectar 8 bilhões de seres humanos do grande organismo chamado humanidade. Não sei como será a evolução da internet (nem os detalhes de como o planeta irá evoluir), mas sei que os gases nobres que fundam uma organização como a AHIMSA ou se rebelam, como na Primavera Árabe, podem transformar seus movimentos em causas globais a uma velocidade incrível. Cada vez mais as pessoas que reconhecem a importância de se criar uma comunidade global harmoniosa usam a internet para conectar a humanidade. E isso me inclui também. Decidi seguir meu próprio conselho e, em vez de ficar sentado esperando o próximo passo da evolução, passei a explorar o poder da internet durante o tempo em que estou sentado. Quero ajudar a conectar os gases nobres em todo o mundo, não apenas através de meus livros e palestras, mas também através de meu *website*. Caso você tenha uma história para compartilhar com um mundo sedento de luz e esperança, pode me enviar em bruce@brucelipton.com, e ela será postada. Com a internet, podemos gerar energia uns com os outros e fazer Gaia brilhar.

Agora você pode estar pensando: "muito bem, Bruce, mas tem certeza de que Gaia irá sobreviver?" Essa é uma pergunta que as pessoas sempre me fazem, especialmente as que estão sem esperança diante do caos atual. Posso não ser uma Poliana, mas, como já disse, sou uma pessoa otimista. Tive o privilégio de conhecer muitos gases nobres por intermédio de meu trabalho, pessoas que estão iluminando individual e coletivamente o mundo. Como expliquei no primeiro capítulo, há padrões fractais repetitivos na natureza e na evolução que oferecem muitas descobertas, esperança e visão de um futuro sustentável.

As crises pelas quais estamos passando irão, com certeza, causar mudanças evolucionárias da mesma forma que as crises do passado, mas acredito que ainda temos uma estrada bem esburacada até o próximo passo na cadeia evolutiva. Neste momento testemunhamos a dissolução das estruturas que considerávamos sólidas, tanto em termos religiosos quanto políticos, econômicos e acadêmicos. Como elas se baseavam em sistemas de crença velhos e imperfeitos, acredito que *precisem* entrar em colapso para que possamos deixar para trás conceitos limitados como "só os mais fortes sobrevivem", "os humanos são resultado de mutações aleatórias", ou a noção de que os genes controlam nossa vida – conceitos ultrapassados que moldam nossa vida há 150 anos. Diante da crise que a humanidade enfrenta, ouso dizer que estou animado, pois acredito que ela seja um sinal de que estamos perto do próximo nível de evolução, um novo sistema de crenças que irá gerar uma civilização baseada em harmonia e autodesenvolvimento. Não tenho como descrever as consequências de se 8 bilhões de pessoas decidirem parar de matar umas às outras e ao planeta, e assumirem a responsabilidade do superorganismo chamado humanidade, da mesma forma que uma ameba não tinha como prever o que aconteceria se 50 trilhões de seres de sua espécie se unissem para formar um ser humano! Se alguém perguntasse a uma ameba o que aconteceria no futuro, ela não teria como imaginar um foguete chegando à Lua, celulares ou televisões. Da mesma maneira, é impossível prever o que pode acontecer se todos os seres humanos, coletivamente, reconhecerem que fazem parte da humanidade, um grande e iluminado superorganismo. Mas eu sei que será maravilhoso, pois a consciência humana é um dos elementos mais poderosos que influenciam a evolução deste planeta.

Durante esse momento de caos, meu conselho é que você evite a tentação de se isolar, deixando que seu instinto biológico de proteção se sobreponha a seu instinto biológico de crescimento. É um momento de crescimento, de abertura; não de nos fecharmos em nós mesmos. Claro, você deve se proteger (eu mesmo tenho estocado comida), mas isso não é tudo. Conectar-se com as pessoas pode ajudar a trazer a mudança. Gosto de usar a analogia da metamorfose da lagarta para descrever o momento que vivemos: sob a pele de uma lagarta existem de 6 a 7 bilhões de células. Cada uma delas é um ser consciente. Na verdade, equivalem a um ser humano funcional em miniatura. E cada uma delas tem uma função. Algumas trabalham no sistema digestivo, outras no sistema muscular e assim por diante. Todas as células estão "empregadas" e recebem um "salário". A lagarta cresce. Sua economia também cresce. Tudo está bem, em desenvolvimento e em alegria. Até que um dia a lagarta para de se alimentar e de se mover. Dentro de seu mundo, as células começam a olhar ao redor e dizer: "o que está acontecendo?" As células digestivas são demitidas porque não há mais comida chegando. As células musculares perdem o emprego porque a lagarta deixa de se mover. Aos poucos, todas as células deixam de ter atividade. A estrutura em que viviam e criavam como comunidade está desmoronando. As células entram em pânico e várias delas cometem suicídio (apoptose). A grande e organizada estrutura que era a lagarta se torna uma sopa de células desconectadas. "Ah, meu Deus! Está tudo ruindo!" Mas algumas delas, ainda que geneticamente idênticas às que estão em pânico, reagem de maneira diferente. Em meio ao caos, essas células imagéticas veem a situação de maneira diferente e se tornam líderes, que criam uma nova visão. De repente, as células passam a se reunir novamente e a criar algo mais avançado que uma lagarta. Daquela sopa emerge uma linda borboleta. Acho que a humanidade está agora no "estágio final de lagarta", quando as células imagéticas visionárias (também conhecidas como gases nobres) abrem caminho para um futuro melhor. E só posso acreditar que o número dessas células/gases nobres atingirá tal massa crítica, que nosso planeta irá se curar e iniciar uma fase mais evoluída de vida. Já consigo avistar verdejantes campos orgânicos, pais e mães amorosos, casais vivendo o Felizes para Sempre e uma maravilhosa borboleta que emite luz de laser.

CONCLUSÃO

Felizes para Sempre

Uma comédia romântica estrelando Bruce e Margaret

Cena 1: A garota encontra o rapaz
Acho que a amo desde o primeiro momento em que a vi... e agora, nesse ano e meio em que nos conhecemos, o tempo, a energia e a força de meu amor se multiplicaram, nutrindo e energizando meu ser. Considero esse o verdadeiro Alimento para a Alma!
Eu a amo muito, Margaret
— dos arquivos de Cartas trocadas entre Bruce - Margaret

Margaret: Exatamente como nos filmes, foi amor à primeira vista em uma sala cheia de gente. Ou melhor, amor ao primeiro impacto em uma sala cheia; impacto tão forte que cheguei a ficar sem ar.

Enquanto caminhava até a primeira fileira de assentos daquela conferência internacional da Association for Perinatal and

Prenatal Health [Associação de Saúde Perinatal e Pré-natal] de 1995, avistei o fundador da organização, Thomas Verny, conversando com alguém que estava de costas para mim. Ao passar por eles, suspirei sem querer e, como ato reflexo, coloquei a mão sobre o coração, sentindo uma onda de energia percorrer meu corpo. Parei e olhei para trás. Thomas e o homem me olharam, estranhando o suspiro tão alto que pegou a eles e a mim de surpresa! Cumprimentei os dois, sem graça. Fui até minha cadeira e me sentei, perguntando a mim mesma: *O que foi isso?* O grande salão do hotel San Francisco Cathedral Hill foi, então, se enchendo com centenas de participantes, mas eu nem percebi. Fiquei um bom tempo olhando para o chão, tentando me recuperar daquela onda de energia. Era algo muito mais forte que atração ou desejo. Era uma vibração de outro nível. E eu não tinha sequer visto direito o rosto dele! Quando finalmente olhei para frente, descobri que aquele homem era um dos palestrantes e que seu nome era Bruce Lipton. Ao final da palestra, em que ele eletrizou a plateia, tive o impulso incontrolável de passar à frente de todas aquelas pessoas que se enfileiravam para falar com ele, pensando: *Margaret, não é hora para timidez. Você tem que falar com ele.* Ao chegar mais perto, vi que ele ditava seu endereço para uma mulher que queria lhe enviar um cheque e comprar uma de suas palestras gravadas em vídeo. Quando ele disse La Honda, Califórnia, exclamei: "Você mora em La Honda? Eu moro em La Honda!" Tinha tido uma reação visceral ao passar por uma pessoa e agora descobria que ela morava a poucos minutos de distância de mim, na pequena cidade de La Honda.

Pouco tempo antes daquela conferência, tinha decidido me abrir (pela primeira vez) à possibilidade de ter um relacionamento de verdadeira comunicação e mais sério, algo que jamais tinha tido, e não sabia sequer por onde começar. Portanto, apelei (e agora, não pela primeira vez) ao Universo: *Bem, Universo, preciso de um sinal, e um sinal tão claro que eu seja obrigada a tomar uma atitude.* Naquele momento tive a certeza de que tinha recebido o sinal!

Assim como Bruce, estava me reinventando. Nós dois tínhamos acabado de sair da bolha de nossa zona de conforto. Estava deixando para trás uma carreira intensa e reconhecida de dezesseis anos na Summit Organization, uma empresa líder na Califórnia em termos de movimento de potencial humano. E havia terminado um relacionamento de treze anos com meu mentor e fundador da Summit. Deixar a família Summit, em meio à qual eu tinha crescido (iniciei aos vinte anos e saía, agora, aos 39), foi doloroso. Ao ver a empresa que eu tinha ajudado a criar entrar em colapso assim que meu ex-marido morreu (já estávamos separados), tive que encarar a realidade de que aquela vida que eu tanto amava havia acabado. Na Summit, organizávamos congressos para mudar a vida das pessoas e nossa mensagem era bem semelhante à do trabalho de Bruce: "você é responsável por sua vida". Foi muito interessante observar, na primeira vez em que vi Bruce dar uma palestra, que ele explicou meu trabalho de dezesseis anos de uma maneira que eu nunca tinha ouvido. Eu usava a linguagem de "processamento" do movimento de potencial humano, enquanto ele usava a linguagem da biologia celular e da física quântica. Para minha alegria, percebi (mais uma razão para acreditar que tinha recebido um sinal do Universo) que falávamos da mesma coisa!

Eu adorava tudo em meu trabalho na Summit; nossos clientes e meus colegas, que, assim como eu, eram todos eternos praticantes da autodescoberta. Estávamos na mesma e constante busca de nossos clientes, tentando descobrir por que nossas vidas não transcorriam da maneira que desejávamos. Devido a essa paixão, não foi surpresa para mim concluir que minha meta após deixar a Summit seria "processar" (a palavra que não me canso de repetir) tudo o que tinha vivido para absorver todo o aprendizado e seguir para a próxima fase de minha vida com o coração aberto. Mas minha primeira providência foi relaxar. Passei a me deliciar saboreando meu café com calma, sem ter que correr para o próximo compromisso, a próxima ligação ou o próximo evento programado com um ano de antecedência. Anunciei a meus amigos que agora iria me divertir em meu tempo livre. Eles se apressaram, então, em dizer que torciam para eu encontrar logo um novo parceiro, e respondi, com alegria, que não deveriam me desejar um relacionamento, e sim bom sexo e muita diversão.

Mas isso tudo mudou quando contratei os serviços de mentoria de Kathlyn e Gay Hendricks, que usam técnicas corporais para trazer à tona as emoções de casais e indivíduos que os procuram. Os dois estão juntos há vinte anos, mas pode-se dizer que ainda estão em lua de mel só pelo modo que demonstram amar, admirar e respeitar um ao outro. Dizem estar comprometidos com o que chamam "transparência emocional", algo que definem como sendo "a habilidade de entender os próprios sentimentos e falar sobre eles de modo que as pessoas os entendam". Conversando com Kathlyn e Gay percebi que, apesar de afirmar que desejava ter plena intimidade em meus relacionamentos, eu sempre procurava manter uma rota de fuga. Soube então que não precisava mais daquele tipo de relacionamento. Podia estar só e de bem comigo mesma. Mas aquele casal me inspirou a sonhar e a me libertar do padrão de estar com homens que eu tinha de manter à força em um relacionamento. A partir daquele momento, me abri para algo que chamo o Grande Amor.

Cena 2: O rapaz perde a garota
Minha maravilhosa,
Obrigado por me amar tanto... ainda que eu não tenha me comportado de maneira a receber esse amor. Amo você demais!
Brucie
— dos arquivos de cartas de amor Bruce-Margaret

Bruce: Você deve estar imaginando que depois daquele suspiro de amor à primeira vista de Margaret nós, dois gases nobres que mudamos nossa programação negativa (e um deles até dava palestras sobre a força que impede as pessoas de terem a vida que desejam), iniciamos imediatamente o relacionamento dos sonhos. Bem, não foi exatamente assim. Gostamos de comparar nossa relação a uma comédia romântica. A primeira "hora e meia" (quase seis meses) foi de puro estudo e diplomacia, bem diferente do que se pode chamar Felizes para Sempre. Mas com muitos momentos de pura alegria. O suspiro de Margaret faz total sentido para mim e, já que você leu o Capítulo 2, também deve fazer para você. Como você deve se lembrar, todos os organismos possuem uma assinatura vibratória única. No caso de Margaret, ela criou uma visão em sua mente durante o tratamento com o casal Hendricks; uma visão neurológica com uma frequência cerebral específica. Ela deu ao Universo, ou seja, a seu supercomputador subconsciente, a tarefa de alertá-la quando a vibração harmônica correta entrasse em seu campo. Ao passar por mim durante a conferência, ela "leu" uma assinatura energética que emanava de mim e que combinava (em termos de harmonia... trata-se de uma história de boas vibrações) com a frequência que seu subconsciente buscava. E o fato de, instintivamente, pôr a mão no coração naquele instante também faz sentido, pois acredito que o coração seja o órgão que recebe, lê e responde a nossos campos de energia. Quando eu tive a epifania célula-membrana-cérebro no Caribe que descrevo em *A Biologia da Crença*, foi meu coração quem respondeu àquele grande momento de consciência. Na verdade, gosto de chamar aquele momento de meu "orgasmo cardíaco", pois, além de um grande "eureca", ele despertou em meu coração a habilidade de perceber a Verdade.

Apesar de entender totalmente a reação de Margaret, não tive a mesma experiência ao conhecê-la. Sabia que estava atraído por uma mulher bela, interessante, forte, direta e honesta, mas não percebi o que hoje é tão óbvio para mim: eu tinha conhecido o amor de minha vida!

Como expliquei no Prólogo, quando se trata de relacionamentos, não costumo aprender rápido. Preciso ficar depois da aula e escrever a lição cem vezes no quadro-negro para memorizar. Já tinha feito um grande progresso ao alterar minha programação. Foi graças a isso que Margaret entrou em minha vida. Mas ainda havia vestígios da programação antiga. Eu queria um relacionamento honesto *e* ainda queria um relacionamento que não me obrigasse a mudar meu mantra que já durava dezessete anos: "jamais me casarei novamente!"

    Hoje vejo que cometi o que poderia acabar sendo o maior erro de minha vida: eu a deixei escapar! Não tinha a menor intenção de enganá-la e por isso disse logo no início que não estava interessado em compromisso.

> **Cenas 3 e 4: Rapaz e garota iniciam sua jornada**
> Estar com você abriu meu coração para o amor e quero continuar a expandir esse sentimento incrível que tenho com e por você... Adoro acordar ao seu lado e conversar, rir e amar. Adoro seu jeito inocente. Adoro sua risada. Adoro a **DIVERSÃO** que é estarmos juntos.
> Simplesmente amo você, querida Margaret.
> — dos arquivos de cartas de amor Margaret-Bruce

Margaret: Quando Bruce me disse, ou melhor, quando acreditei que ele disse não estar disponível, fiz o que era correto diante das circunstâncias: desejei a ele que tivesse uma boa vida. Mas passei dias chorando como se tivesse perdido o grande amor de minha vida, um comportamento muito estranho (não quando se lê a explicação de Bruce sobre física quântica), já que tínhamos conversado apenas alguns minutos! Claro, a história não acaba aqui. Depois de mais algumas reviravoltas (Cena 3 de nossa comédia romântica), começamos a namorar. Mas ainda não estávamos na rota correta do Felizes para Sempre. Toda vez que nos encontrávamos, Bruce repetia que não estava disponível para um relacionamento e, para ter certeza de que eu tinha entendido, fazia questão que fosse em *sua* casa e fazia *ele* mesmo toda a comida; não queria "ficar me devendo" qualquer coisa que soasse a compromisso.

    Depois de muito pensar, pus de lado meus receios de ter com Bruce um relacionamento sem compromisso e decidi me arriscar. Meu objetivo agora era aprender a viver totalmente no presente com alguém (abri mão da parte "compromisso total" de minha definição de Grande Amor, mas não da parte de transparência emocional) enquanto durasse aquele relacionamento. Então, depois de ouvir o mesmo discurso de Bruce semana após semana, evoluímos para minha proposta de transparência emocional, ou seja, de falarmos um com o outro com honestidade: "precisamos conversar...". Para minha surpresa, apesar de eu ser aparentemente a que estava encarando com mais intensidade e seriedade aquela relação, eu tinha encontrado o par ideal. O enorme coração e a inteligência daquele homem me forçaram a ser cada vez mais expansiva para acompanhar seu ritmo. Tive que aprender realmente a expressar amor. E a maior surpresa foi que ele me ensinou muito sobre compromisso sem jamais dar a entender que era isso que desejava. A verdade é que, apesar de toda a minha paixão por autoconhecimento, a transparência emocional foi exaustiva para mim no começo. Exigia estar presente o tempo todo, mesmo nos momentos em que eu queria me desligar por alguns instantes. Houve momentos em que estive tentada a dizer "chega! Isso está dando muito trabalho". Mas segui em frente e me concentrei em aproveitar os maravilhosos momentos que tínhamos juntos. Bruce consegue ser, ao mesmo tempo, doce e hilário. Tudo era (e ainda é) motivo para piadas, humor e muito riso. Uma das vizinhas de Bruce diz que adorava vir observar seus cavalos pastando em frente à casa dele (La Honda é uma área rural) e ouvir nossa risada. Aquilo lhe fazia muito bem. O riso começava cedo, antes mesmo de eu fazer as pazes com a insistência de Bruce em dizer que não queria compromisso. Em um de nossos primeiros encontros, ele sugeriu que jogássemos Palavras Cruzadas. O que ele não sabia é que eu *adoro* Palavras Cruzadas, e joguei para valer! Bruce ficou chocado e impressionado ao ver que eu o tinha derrotado, apesar de seu excelente vocabulário. Se eu soubesse que iria causar essa impressão, teria sugerido o jogo já no primeiro dia.

Na verdade, venci não por ter mais vocabulário que ele, mas por ter memorizado algumas palavras-chave que sempre aparecem em palavras cruzadas. Bruce começou então a fazer paródia com algumas palavras ridículas que eu tinha usado. Rolei no chão de tanto rir. Depois disso, me vencer se tornou um desafio para ele. Quando enfim conseguiu, eu disse: "que alívio, hein?"

Além de nos divertirmos, nos comunicamos em um nível profundo. Para Bruce, a vida tinha sido séria durante muitos anos, especialmente quando ele seguia as regras ditadas por outras pessoas para se ter uma vida feliz. E percebi que precisava aprender a usar uma linguagem mais leve depois de uma carreira de dezesseis anos em que o único foco era trazer a perspectiva dos fatos para o momento *presente*.

As pessoas logo perceberam como fazíamos (e ainda fazemos) uma boa dupla. Os amigos de Bruce, que conheciam sua fobia de compromisso, passaram a aconselhá-lo para que ele não destruísse nosso relacionamento. Um deles chegou a proibir que Bruce o visitasse sem que eu estivesse junto. E os meus amigos me diziam que jamais tinham visto alguém com o mesmo nível de energia que eu. Assim, apesar da premente necessidade de Bruce repetir seu mantra de não comprometimento e da minha necessidade de seguir uma agenda de transparência emocional o mais rápido possível (para não acabar mais uma vez em um relacionamento com um homem que não estivesse pronto para trabalhar seu "lixo emocional", colocando em palavras delicadas), tanto nós quanto nossos amigos já sentíamos que nós dois tínhamos iniciado nossa jornada do Felizes para Sempre.

Cena 5 etc.: A estrada acidentada rumo ao Felizes para Sempre

O caminho para o amor verdadeiro
jamais foi suave.
— *Sonhos de uma Noite de Verão*, de William
Shakespeare

Margaret: Claro, o caminho em direção ao Felizes para Sempre não foi fácil. As pessoas sempre me perguntam se Bruce e eu discutimos e eu sempre digo que, no começo, sim. É o que acontece com todos os casais. E também conto a história de nossa rota de GPS. Era para ser uma viagem curta, de apenas duas horas, para visitar alguns amigos. Mas nos perdemos. Eu pedia que Bruce parasse para perguntarmos a alguém, mas ele insistia em ficar dando voltas para tentar achar o caminho. Sim [suspiro], eu sei: a velha discussão estereotípica homem-mulher! Eu disse algo do tipo "se fosse você, não iria por aí", mas Bruce já estava tão irritado comigo e consigo mesmo que parou no estacionamento de uma loja, saiu do carro e disse: "muito bem. Você dirige!" Ficamos então (em público) cara a cara, gritando e dizendo um ao outro o que fazer. Depois de alguns minutos e de muitos gritos, paramos e fomos cada um para um lado, respirando fundo. Depois suspiramos e voltamos para o carro. Após um longo silêncio, começamos, enfim, a falar sobre a reação automática e negativa que nos levou à discussão e que não era o que queríamos. Aquilo era exatamente o oposto da onda de alegria que senti no hotel Cathedral Hill, ou seja, eram vibrações muito negativas! E levou quase uma semana (segundo Bruce, duas semanas) para elas se dissiparem por completo. Enquanto isso, decidimos que *isso* jamais se repetiria. Nós dois vínhamos de um histórico de relacionamentos voláteis e destrutivos e tínhamos a *clara* intenção de jamais tê-los novamente. Portanto, foi um choque perceber como era fácil entrar em estado de raiva tão rápido. Mas hoje, depois de anos de Felizes para Sempre, vejo que não é possível ter um relacionamento íntimo de verdade sem passar por alguns eventos difíceis como esse, de uma raiva tão grande que você quer que seu parceiro sofra um pouco para entender o que você quer dizer, gerando assim um sentimento de vingança. Depois daquela briga, perguntamos a nós mesmos se preferíamos ter razão o tempo todo ou ter um relacionamento. Escolhemos o relacionamento. Desse modo, em nível consciente e subconsciente (tentamos estar sempre conscientes de nossas quatro mentes), decidimos assumir o controle de nosso lado impulsivo e encontrar formas de nos livrar da necessidade de estar sempre certos.

Primeiro, tentei uma técnica para amenizar minha tendência de criticar em momentos emocionalmente difíceis, o que provavelmente acontece com a maioria das pessoas. Você sabe que aquilo que *irá* dizer poderá colocar mais sal na ferida, então tenta se controlar. Mas acaba dizendo assim mesmo (aquela maldita programação subconsciente), pois *sabe* que está certo e que seu parceiro está errado. A forma que encontrei para controlar esse impulso foi me trancar no banheiro, me olhar no espelho e ter um *tête-à-tête* comigo mesma: "Margaret, você quer estar certa ou ser feliz?" Levou algum tempo, mas, depois de muita repetição, funcionou. Depois de uma sessão de espelho, consigo sair do banheiro com outra energia. Assim, consigo escolher bem as palavras, usando conscientemente o amor incondicional.

Bruce e eu também usamos outra técnica que ajuda a converter dor, raiva ou medo em amor incondicional. Criamos um hábito que agora já é automático: usamos o toque em vez de discutir sobre quem tem razão. O toque físico permite a uma pessoa se reconectar com a outra mesmo que tenha sido ferida por ela ou que deseje o sofrimento dela para provar que tem razão. Basta se sentar ao lado dela em silêncio para estabelecer uma comunicação mais profunda, sem palavras. Se você parar por um instante, tentar deixar de lado os detalhes de uma discussão e estabelecer contato direto com a pessoa, o seu coração e o dela podem se abrir e resolver a questão de modo muito mais rápido. Mas é preciso haver toque físico, seja no joelho, nas mãos ou nos braços. Sem o toque é pura perda de tempo.

Outro hábito que se tornou automático é trocarmos palavras de carinho para nos reconectarmos durante o dia, mesmo quando Bruce está em viagem para suas palestras e precisamos nos comunicar por Skype. Dizemos "eu amo você" o tempo todo quando passamos um pelo outro dentro de casa, antes de sair etc. E temos apelidos bobos um para o outro (criados por Bruce), como "lindinha" ou "Brucie". E também damos apoio físico um ao outro. Abraçamo-nos tanto que inventamos até um nome para isso: somos os "abracildos". Se você acha que é exagero, não se preocupe. Muita gente também acha. Sally Thomas, que trabalha comigo na Mountain of Love Productions, diz que, quando nos conheceu e viu toda aquela troca de "amo você" e de abraços, achou que era "grude" demais. Mas, com o tempo, entendeu e passou até a gostar: "mesmo que as coisas estejam difíceis, Bruce e Margaret sempre encontram uma maneira de se comunicar de forma gentil e carinhosa. Não se apegam a picuinhas e ressentimentos. O Efeito Lua de Mel entre eles não se desgastou". Ela acabou até nos imitando. "O mais engraçado é que o jeito deles acabou me contaminando. É uma ótima maneira de agir com seu parceiro, mesmo que ele deixe você maluco de vez em quando. Basta se lembrar de quanto você o ama, mesmo nos momentos mais difíceis."

Eu, pessoalmente, acredito que a constante lembrança e demonstração de amor ajudam muito. Nosso Felizes para Sempre é importante demais! Assim como a família de Bruce, minha família não tinha modelos positivos de relacionamento. Saí de casa aos dezesseis anos por acreditar que podia cuidar melhor de mim sozinha, cansada de ser a responsável por todos ali. E acredito que nossa comédia romântica poderia ter acabado em tragédia caso *nós dois* não tivéssemos nos conscientizado de nossas programações negativas, tomado as medidas necessárias para superá-las e mantido viva a chama do amor com palavras (e atos) de carinho em todos os momentos.

Hoje podemos dizer que as vibrações em nossa relação são maravilhosas, o que não é surpresa para quem leu este livro até o final! Já conheci pessoas que juravam ter encontrado sua alma gêmea, tal a intensidade de energia entre elas, mas os relacionamentos não duraram, pelo menos não nesta vida. Antes de chegar ao Felizes para Sempre, foi preciso lidar com toda a bagagem invisível que nos prendia ao passado.

Gran finale: Felizes para Sempre
Sua beleza ilumina minha vida. Estou perdidamente apaixonado por você! Hoje

sei o que é o Paraíso. Você me ajudou a entender exatamente o que é viver nele. Amo você, minha lindinha.
Brucie
— dos arquivos de cartas de amor Bruce-Margaret

Bruce: Eu sempre disse que aprendo devagar, mas desta vez acho que foi bem rápido! Seis meses depois de nos conhecermos, estávamos sentados na sala, Margaret no sofá e eu no chão, encostado nele. De repente comecei a rir e, assim que percebi, parei. Margaret ficou perguntando por que eu estava rindo. Depois de ela muito insistir, acabei confessando que foi porque me peguei prestes a dizer: "Margaret, quer se casar comigo?" A resposta dela a essa confissão, sabendo de meus dezessete anos repetindo a frase "jamais me casarei novamente" foi: "ah, claro!" E levou mais de uma semana para eu convencê-la de que estava falando sério!

Finalmente eu tinha percebido que Margaret era a mulher com quem eu queria realmente viver minha vida. E que já estava tendo o relacionamento com que há tanto tempo sonhava. Dividíamos tudo: os momentos bons e os ruins! A diversão e a intimidade eram perfeitas.

Foi um grande marco deixar para trás meu mantra de "jamais me casar novamente", mas isso foi acontecendo de maneira suave, natural. Não tive que pensar muito. O ponto crucial foi perceber que podia confiar nela de olhos fechados. Percebi que, se alguém tivesse que tomar uma decisão sobre minha vida caso eu estivesse incapacitado, ela seria a única em quem eu confiaria para isso. Em toda a minha existência neste planeta, jamais havia tido esse sentimento de poder entregar a alguém minha vida, se necessário. Foi quase um choque ter essa percepção! Quando por fim consegui convencer Margaret de meu novo nível de confiança (e que não precisava mais de meu mantra anticasamento), decidimos iniciar nossa experiência de Felizes para Sempre. O experimento/desafio era continuar o que já vínhamos fazendo sem estabelecer um objetivo específico;

um Felizes para Sempre do tipo "vivemos intensamente o momento presente", sem metas de longo prazo. Dezessete anos depois (e sem prazo para acabar), nosso experimento tem sido um grande sucesso. E, assim como Margaret, não acho que ele estivesse necessariamente fadado a dar certo. Nosso relacionamento se iniciou de maneira maravilhosa, mas, se não tivéssemos observado e agido para modificar nossos comportamentos inconscientes, não acredito que ainda estivéssemos juntos.

Margaret já descreveu alguns dos hábitos de comunicação afetiva que levamos bastante tempo para incorporar em nosso subconsciente. Acho que os Finais de Semana de Lua de Mel que estabelecemos para nos dedicar um ao outro também foram cruciais. Iniciamos com três dias (e depois quatro, sempre que nossas agendas permitiam) de aconchego a dois, deixando de lado o mundo "real" para mergulhar em nosso retiro em uma casa nas montanhas. Hoje, que estamos mais ocupados e nem sempre conseguimos desfrutar de finais de semana assim, ainda temos nossa conexão, o amor e a alegria de estarmos juntos, exatamente como naquele tempo, no início do relacionamento. E devo confessar que gostaria muito que tivéssemos tido esse relacionamento tão feliz quando éramos jovens. Já disse a Margaret que, se tivéssemos nos conhecido no colégio, teríamos sido apaixonados um pelo outro. Ela ficou emocionada com a ideia, mas, quando pensamos melhor, chegamos à conclusão de que não teria dado certo. Se tivéssemos nos conhecido naquela época, a viagem não teria saído conforme imaginávamos. Ainda tínhamos muito a aprender (ou melhor, muita reprogramação subconsciente para fazer) antes de acalmar todo o furacão de codependência e nos tornarmos gases nobres! Aprendi com minha experiência de vida que, enquanto não aprendemos a viver bem conosco, não estamos preparados para o Grande Amor. Só conseguimos viver em relacionamentos de dependência em que precisamos *desesperadamente* ter alguém. Não me esqueço da mulher no Caribe que me disse, com toda a razão, que eu era muito carente. Quando se aprende a viver em equilíbrio como um gás nobre, o Grande Amor se torna possível. No meu caso, foram quarenta anos de ansiedade, mas devo confessar que não me abalo ao pensar neles. Valeu todo o esforço para chegar até aqui!

Meu desejo é que este livro o ajude a diminuir essa longa estrada de aprendizado. Não há por que demorar tanto tempo quanto eu demorei. Agora que você sabe sobre a programação subconsciente e como ela pode arruinar sua vida e seus relacionamentos, espero que inicie o quanto antes a desprogramação e assuma a responsabilidade pelos relacionamentos que cria em sua vida, deixando para trás todos aqueles que envolvem codependência. E, se você gosta de comédias românticas, não há o menor motivo para deixar de assisti-las. Mas há uma grande diferença entre assistir ao roteiro que alguém escreveu e criar o seu próprio. Portanto, crie sua própria comédia romântica e coloque nela os dois atores principais: você, sendo a pessoa que deseja realmente ser, e a pessoa que irá atrair para sua vida. Escrever o próprio roteiro de Felizes para Sempre significa se livrar do vitimismo e de narrativas como as que eu costumava criar, sempre dizendo "a culpa foi dela". E o mais importante: nada de se culpar pelos relacionamentos do passado! Como você poderia saber que a programação invisível (que nem foi você que criou) destruiu todos eles? Siga em frente e aproveite cada instante do momento presente. Desapegue-se do passado! E sem desculpas. Se Margaret e eu, que viemos de famílias e situações disfuncionais, conseguimos fazer nosso relacionamento dar certo, você também consegue. Mas, claro, se você é um daqueles sortudos que encontrou seu par ideal na adolescência e está com ele até hoje, parabéns! Não há o que modificar, pelo menos não na área de relacionamentos em sua vida. Suas quatro mentes estão alinhadas.

E, apesar de desejarmos de todo o coração servir de inspiração a você, Margaret e eu não temos como lhe oferecer um mapa com soluções prontas. Não existe fórmula ideal para os relacionamentos. Agora que você conhece nossa história, percebe que nós dois tivemos que trilhar caminhos completamente diferentes até estarmos prontos para criar nosso próprio Felizes para Sempre. Ainda assim, deixo uma lista de sugestões e ferramentas no Apêndice a seguir que podem ser extremamente úteis para você criar o Efeito Lua de Mel em sua vida. E lembro mais uma vez que isso não exige perfeição. O fato de viver o Efeito Lua de Mel em minha vida não significa que meus dias sejam perfeitos. A única diferença é que fui capaz de reinventar a mim mesmo e à minha vida. Ainda vivo neste mundo, mas ele já não é o mesmo em que eu vivia antes. As coisas (como problemas no telhado, trânsito ou o prazo de entrega para eu terminar este livro) que antes poderiam me deixar maluco hoje não me abalam tanto e, por conseguinte, não afetam meu relacionamento com Margaret. Não permitimos que nosso amor seja abalado, não importa o que aconteça ao redor. Quando as coisas acontecem, simplesmente lidamos com elas.

O que posso lhe oferecer é esperança em um mundo melhor. Quando você estabelece um relacionamento Feliz para Sempre, começa a atrair para sua vida pessoas que pensam como você, e elas formam um escudo que o protege do mundo de atribulações em que costumava viver. É uma verdadeira bolha preenchida com gases nobres – os "evoluídos" gases nobres do Capítulo 5, ou seja, pessoas que já descobriram que existe outra maneira de se viver. Acredito que, se não tivéssemos tanta programação distorcida no subconsciente, o planeta inteiro viveria nessa bolha. E seria um planeta brilhante como um raio laser, cheio de amor de verdade. Albert Einstein já dizia: "há duas maneiras de se viver a vida. Uma é como se não houvesse milagres. E a outra é como se tudo fosse um milagre". Portanto, crie sua própria luz e a compartilhe com seu parceiro e com outras pessoas, para ajudar o planeta a ter o brilho da luz de laser dos gases nobres, que criam todos os dias o Paraíso na Terra. Assim como meu herói Einstein, os gases nobres têm consciência de que é possível viver a vida de verdade, com todo o milagre que ela oferece.

APÊNDICE A

SUGESTÕES PARA UM EFEITO LUA DE MEL

1. Para trabalhar a mente consciente: Tenha "consciência" daquilo que você pede...
2. Para trabalhar a mente subconsciente: Lembre-se de que você recebeu uma programação subconsciente em uma idade em que não tinha capacidade de "pensar" sobre ela.
3. Faça uso de ferramentas para reprogramar seu subconsciente, incluindo psicologia energética (também conhecida como superaprendizagem), hipnose, áudios de programação subliminar e *mindfulness* (técnica para viver plenamente o momento presente).
4. Pratique atos de bondade e use palavras de carinho em seu relacionamento.
5. Abra seu coração para o parceiro em momentos de tensão ou discussões e traga de volta o Efeito Lua de Mel do início do relacionamento, substituindo agressões verbais por silêncio e toque físico.
6. Modifique sua vida para poder atrair um parceiro que seja um gás nobre excitável.

APÊNDICE B

COMÉDIAS PARA CINEMATERAPIA
(em ordem alfabética)

A Garota do Adeus
Alta Fidelidade
Atraídos pelo Destino
Brincou com Fogo... Acabou Fisgado!
Casamento Grego
De Volta para o Presente
Dr. Hollywood - Uma Receita de Amor
Feitiço da Lua
Feitiço do Tempo
Harry e Sally - Feitos um para o Outro
Jerry Maguire - A Grande Virada
Melhor é Impossível
Meu Querido Presidente
O Despertar de Rita Feitiço do Tempo
O Diário de Bridget Jones
O Fabuloso Destino de Amélie Poulain
O Virgem de 40 Anos
Recém-Chegada
Simplesmente Amor
Sintonia de Amor
Splash - Uma Sereia em Minha Vida
Today's Special
Três Vezes Amor
Um Visto para o Céu

FONTES/REFERÊNCIAS

TÉCNICAS DE MODIFICAÇÃO DE CRENÇAS PARA ACESSAR E REPROGRAMAR A MENTE SUBCONSCIENTE
(em ordem alfabética)

Alchemical Healing (www.shamanicjourneys.com)
Alchemical Healing ou Cura Alquímica, em tradução livre, é uma combinação de métodos inovadores de Xamanismo e cura energética com os princípios da alquimia para estabelecer cura física e oferecer aconselhamento terapêutico e crescimento espiritual.

Alchemy Techniques (https://alchemytechniques.wordpress.com/techniques/)
Alchemy Techniques ou Técnicas de Alquimia, em tradução livre, é um conjunto de técnicas para integrar todos os aspectos do ser nos níveis mais profundos do coração (centro energético).

The Body Code System of Natural Healing (www.drbradleynelson.com)
The Body Code System of Natural Healing, ou Sistema de Código de Cura Natural do Corpo para Cura Energética Total e Equilíbrio do Corpo, em tradução livre, é um programa para detectar e corrigir desequilíbrios subjacentes que bloqueiam a saúde e a felicidade.

Body Talk System (www.bodytalksystem.com)
BodyTalk ou Sistema de Linguagem do Corpo, em tradução livre, é um sistema de técnicas que reequilibram os sistemas de

energia do corpo para que eles possam operar da forma como foram programados originalmente.

Consciousness 2.0 (consciousness2-0.com)
Consciousness 2.0 [Consciência 2.0, em tradução livre] é um programa autoguiado desenvolvido para modificar programações destrutivas, "desinstalando" medos, julgamento, limitações, esforços desnecessários e dor e "instalando" em seu lugar um nível mais alto de consciência.

Core Health (www.corehealth.us)
Core Health's DTQ [Sistema de Saúde Central Profundo, Completo e Rápido, em tradução livre] é um processo que permite reativar de maneira permanente a saúde inerente ao ser humano.

EMDR (www.emdr.com)
EMDR é uma forma de psicoterapia que permite uma cura mais rápida que as terapias tradicionais para sintomas de sofrimento emocional resultante de experiências negativas.

Emotional Freedom Techniques (www.eftfree.net)
Baseado em novas descobertas sobre a energia sutil do corpo, o Emotional Freedom (EFT) [Liberdade Emocional, em tradução livre] é usado como terapia para problemas emocionais, de saúde e de desempenho.

The Healing Codes (www.thehealingcode.com/home.php)
Healing Codes ou Códigos de Cura, em tradução livre, é uma técnica utilizada para remover o estresse do corpo, permitindo ao sistema neuroimune curar quaisquer distúrbios existentes.

The Hendricks Institute (www.hendricks.com)
The Hendricks Institute [Instituto Hendricks] é um centro internacional de cursos que ensina técnicas para o desenvolvimento de um modo de vida consciente e amoroso, estimulando a expansão

de uma comunidade de pessoas que desejam explorar níveis mais altos de amor, criatividade e bem-estar.

Holographic Repatterning (www.repatterning.org)
Resonance Repatterning ou Reorganização da Ressonância, em tradução livre, é um sistema utilizado para identificar e eliminar padrões de energia relacionados a distúrbios, problemas ou dores nos pacientes.

Holosync (www.centerpointe.com)
Holosync é uma forma de tecnologia de neuroáudio que permite estabelecer equilíbrio entre os hemisférios cerebrais e aumentar a saúde mental/emocional e o funcionamento do cérebro.

Inner Resonance Technologies (www.innerresonance.com)
Inner Resonance ou Ressonância Interior, em tradução livre, é um método composto de sete passos desenvolvido para permitir ao sistema autônomo de cada indivíduo se equilibrar e harmonizar física, emocional, mental e espiritualmente.

Instant Emotional Healing (www.instantemotionalhealing.com)
Instant Emotional Healing: Acupressure for the Emotions [Cura Emocional Instantânea: Acupressão para as Emoções, em tradução livre] de Peter T. Lambrou, Ph.D., e George J. Pratt, Ph.D.: um livro que explica os fundamentos da psicologia energética.

The Journey (www.thejourney.com)
The Journey [A Jornada, em tradução livre] permite acessar a sabedoria interna de autocura do corpo na "fonte" mais profunda da alma.

LifeFlow Meditation (www.project-meditation.org)
Baseada em pesquisas de *biofeedback*, a Meditação LifeFlow [Fluxo de Vida, em tradução livre] conduz o ouvinte a estados

de ondas cerebrais que aumentam a felicidade, o bem-estar e as habilidades de aprendizado.

NetMindBody (www.netmindbody.com)
NetMindBody (NET) ou *NetMIndBody* [Rede Mental e Corporal, em tradução livre] envolve processos mentais e físicos de redução de estresse para identificar e remover desequilíbrios neurológicos relacionados a questões mentais e físicas não resolvidas.

Neurolink's Neurological Integration System (www.neurolinkglobal.com)
Neurolink's Neurological Integration System [Sistema de Integração Neurológico *Neurolink*, em tradução livre] é um protocolo que eleva a capacidade do cérebro de restaurar o potencial pleno de todos os sistemas do corpo.

PSYCH-K (www.psych-k.com)
PSYCH-K é um conjunto de princípios e processos utilizados para modificar crenças subconscientes que limitam a expressão de nosso potencial pleno como seres divinos vivendo uma experiência humana.

Rapid Eye Technology (www.rapideyetechnology.com)
Rapid Eye Technology [Tecnologia de Movimento Rápido dos Olhos, em tradução livre] é uma técnica que elimina o estresse e os traumas (sem que seja preciso vivenciá-los novamente) através da simulação do movimento rápido dos olhos (REM), o sistema natural de liberação presente em nosso corpo e que ocorre durante o sono.

Reconnective Healing (www.thereconnection.com/about)
Reconnective Healing ou Cura Através da Reconexão, em tradução livre, utiliza frequências vibracionais para curar o corpo, a mente e o espírito.

The RIM Method (www.riminstitute.com)
The RIM Method [Método RIM, em tradução livre] reconstrói imagens de afirmação da memória celular para estabelecer mudanças subconscientes, acelerando o bem-estar físico, emocional e o sucesso.

Rosen Method (www.rosenmethod.org)
Rosen Method [Método Rosen, em tradução livre] utiliza toques suaves das mãos, através de uma técnica em que elas "ouvem" o corpo ao invés de manipulá-lo, para aliviar tensões musculares crônicas.

The Sedona Method (www.sedona.com)
The Sedona Method [Método Sedona, em tradução livre] permite às pessoas utilizar sua habilidade natural de liberar sentimentos, pensamentos e crenças negativos e de sofrimento.

Silva UltraMind ESP System (www.silvaultramindsystems.com)
Silva UltraMind ESP System [Sistema Silva UltraMind ESP, em tradução livre] desbloqueia os fantásticos poderes mentais humanos de conexão com um poder maior que conduz a uma vida mais feliz e de sucesso.

Three in One Concepts (www.3in1concepts.us)
Baseados em pesquisas e desenvolvimento na área de cinesiologia aplicada, os conceitos da técnica *Three in One Concepts* [Conceitos Três em Um, em tradução livre] auxiliam aqueles que desejam assumir a responsabilidade por criar seu próprio bem-estar integrando corpo, mente e espírito.

The WOW Process (www.thewowprocess.com)
The WOW Process [Processo Uau, em tradução livre] é um processo que permite aliviar estresse emocional, mental ou espiritual e o sofrimento.

ÍNDICE REMISSIVO

A
A Biologia da Crença (Lipton), 23, 69, 140, 141
a doença do amor, 88
The Secret Life of the Unborn Child [A Vida Secreta da Criança antes de Nascer] (Verny), 99
autobiólogos, 66-71
abandono, raiva e, 88
acasalamento, estrogênio, testosterona e, 76
aconchego, 159
"acoplamento de pares", 30
adrenalina, ameaça e, 72
After Happily Ever After [Depois do Felizes para Sempre], 131
agentes inflamatórios, medo e liberação de, 71-72
agressão, vasopressina e, 83
AHIMSA (Association for Holistic Integrative Medical Science in Action) [Associação de Ciência Médica Integrativa Holística Ativa], 138
al-Nefwazi, xeique, 65
almas gêmeas, 157
amamentação, oxitocina e, 85
amor. *Veja também* relacionamentos
    altruísta, 131
    ativação do circuito de prazer/recompensa do cérebro, 79-80
    bioquímica de, 66, 74, 75-90
    criar duradores, 27, 59, 62-63, 108-122, 156-157
    de projetos e ideias, 90
    definição de, 48
    substância que causa dependência química, 65
    distúrbio obsessivo-compulsivo e romântico, 87
    dopamina e, 79-81
    efeito da percepção da experiência sobre o cérebro, 69-70
    elementos neuroquímicos e, 65, 70
    emaranhamento das partículas quânticas em, 53
    Grande, 159
    hormônios e, 64-90
    imperativo biológico de, 26-27, 35-36, 129
    incondicional, 156
    liberação de cortisol quando em contato, 72
    obstáculos à duração, 56, 62, 92-94, 103, 107

oxitocina e, 70-75
período de lua de mel, 75, 80-81, 87, 92
em relacionamentos recém-iniciados, 81
regiões do cérebro envolvidas em relacionamentos românticos de longa duração, 81
relacionamentos fracassados e ausência de amor-próprio, 111
retirada após a falha, 66
romance e a mente consciente, 92
subconsciente e, 92-94
amor incondicional, 155
amor altruísta, relacionamentos duradouros e, 131
amor-próprio
relacionamentos fracassados e falta de, 110-111
relacionamentos duradouros e, 110-111, 130-131
"anéis mortíferos", 96
ânsia, dopamina e, 77–81
ansiedade, induzida por elementos químicos e hormonais, 66
apoptose, células, 145-146
aprendizado
crianças mais velhas, 106-107, 112
crianças pequenas e, 101-102, 112
limitações do intelectual, 112
mente inconsciente comparada à mente consciente, 111-113
por habituação, 112-113
argônio, 124, 126-127
"assim na Terra como no céu", 35
árvore aspen, superorganismo da, 29
atividade cognitiva, controle dos seres humanos, 95–96
átomo newtoniano, átomo quântico comparado a, 42–43
átomo quântico, átomo newtoniano comparado a, 42
átomos
estrutura dos, 41-45, 124
gases nobres, 124-126
ligação química entre os, 124-126
movimento, equilíbrio do, 125
origem do conceito dos, 41-42
áudios subliminares, reprogramação subconsciente através de, 116-117
Aurélio, imperador Marco, 65
autismo, tratamento com oxitocina para, 89
autoquestionamento, 140
Azamgarh, Índia, 135, 136-137

B
Barash, David P., 60

Bartels, Andreas, 80-81
bebês
 mentes dos, 97-98
 poções do amor e a sobrevivência de, 75-76
Bédier, M. Joseph, 64
Big Love [O Grande Amor], 159-160
biologia corpo-alma, 66-76
biologia corpo-mente, 66-76
boneca russa matrioska, 35

C
50 ways to Leave your Love - "50 Maneiras de Deixar Alguém" (Simon), 62
campos de energia,
 de objetos físicos, 49
 desenvolvimento de campos pessoais, 48–49
 externos, 51–52
 interação de campos de energia, 46–48
 irradiação e absorção de, 41
 matéria como vórtice de, 44
 resposta do cérebro a, 52
 vibrações como irradiação de, 41
capacidade de avaliação, ondas alfa e, 103
casamentos
 de sucesso, 132
 influências da família sobre, 21
cassino quântico, 53
Carville, James, 69
cavalos, necessidade de comunidade dos, 30
células
 apoptose das, 145–146
 clonagem de células-tronco, 66–69
 colônias de. *Veja* comunidades multicelulares
 composição de, 44
 controle da vida pelo meio de cultura de, 69–70
 controle pelos neurotransmissores, 52
 efeito do ambiente sobre, 66–70
 funções das, 145
 presença de todas as funções das formas de vida, 35
 sangue como meio de cultura para células humanas, 69–70
 semelhanças com os peixes, 67
células-tronco, clonagem de, 66-68
cérebro, o
 amor romântico, regiões envolvidas em longo prazo, 81

    analogia de rádio do, 95
    atividade criativa do, 95
    atividade de ondas alfa do, 106-107
    atividade de ondas beta do, 116
    atividade de ondas cerebrais alfa do, 116
    atividade de ondas de EEG do, 111, 112, 115-117
    atividade de ondas delta do, 101, 115
    atividade de ondas theta da, 101–102, 112, 115–116
    controle da atividade cognitiva, 95-96
    controle da biologia e da genética humanas pelo, 74
    controle da bioquímica do sangue pelo, 74
    diapasão da, 54–56, 59
    dopamina e o circuito de prazer/recompensa do 78-79
    efeito da mudança de percepções e crenças pelo, 69-71
    efeito da percepção da experiência sobre o, 70
    efeito placebo, 52, 71
    emaranhado não local do, 53
    frequência dos pensamentos negativos e supérfluos do, 114
    geração dos campos externos de energia pelo, 51-52
    habilidade da criança de aprendizado rápido, 101
    influências pré-natais do desenvolvimento do, 99-100
    máquina de pintura do, 74–75
    máquina de produção de poção de amor, 75
    mente criativa/consciente. *Veja* mente criativa
    mente subconsciente. *Veja* mente subconsciente
    neuropeptídeos liberados e disseminados pelo, 52
    neurotransmissores liberados e disseminados pelo, 52
    padrões de onda do potencial evocado do, 54
    reprogramação, 108–122
    resposta a campos de energia, 52
chá de tulsi pétalas de rosa, 136-137
chacras, 121–122
chacra cardíaco, 121–122
Chamberlain, David, 98
citocinas, 71
crenças
    efeitos no sangue resultando das modificações das, 70-71
    impacto nos relacionamentos, 24, 62, 104
    demonstração inconsciente de disfuncionais, 104
crianças
    adotadas, 100–101
    aprendizado das mais velhas, 106–107, 112
    aprendizado de jovens, 101–103, 112

    base da psique das, 100
    frequência hipnagógica cerebral theta EEG nos jovens, 112, 116
    habilidades de avaliação das mais velhas, 107
    impacto de famílias disfuncionais sobre, 105–106, 106–107
    impacto de pais críticos sobre, 103, 106–107
    nível theta de hipnose e jovens, 105, 112
    ondas cerebrais das mais jovens, 101–103, 112
    ondas cerebrais das mais velhas, 106–107
    poder de observação das jovens, 104–105
    programação hipnótica de, 104–106, 105–106, 112
    programação pós-uterina de, 101–107
    registros de informações *versus* avaliação por jovens, 102
    sofisticação do sistema nervoso de, 98
    transes hipnogógicos dos, 104–105, 112
    violência doméstica, impacto sobre, 105–106
Cleópatra, 65
cloreto de sódio, 125-128
codependência, 129, 160
comportamento inconsciente em relacionamentos, 92-93
comportamentos de autossabotagem, eliminação de, 110-111
comunicação
    relacionamentos duradouros e, 109
    vibrações como forma de, 39
comunidade global, criação de uma harmoniosa, 143
comunidades
    criação de harmoniosas, globais, 143
    de evolução e cooperativas, 134
    imperativo biológico para estabelecer, 26–27, 30
    necessidade de humanas, 30
comunidades multicelulares
    complexidade crescente das, 35
    constatações da civilização humana a partir das, 29
    harmonia e cooperação entre, 28-29
    natureza social das, 29
    repetição dos padrões fractais das, 35
conchas, elétron, 124
conexão mãe-bebê, oxitocina e, 85
Confiança em gotas, 86
contrações uterinas, oxitocina e, 85
coração como órgão de recepção e reação, 151
Coontz, Stephanie, 132
cortisol, 72, 98–99
criatividade, mente consciente e, 95

Criner, Marcy, 141–142
Criner, Martin, 141–142
crises, evolução e, 149
culpa sobre os relacionamentos passados, limpeza, 58, 160
culpar aos outros, causas de, 109
culturas, pacíficas, 139

D

dependência
    de amor, 65-66
    dopamina, 78-79, 80-81
    e o impacto do uso de drogas e álcool de pais sobre as crianças, 105-106
    pallidum ventral, núcleo accumbens e, 83
depressão, efeito da EMT sobre, 51–52
"*Depression and anxiety*" - Depressão e Ansiedade, 51–52
desejo de viver, 27
desenvolvimento pré-natal. *Veja* feto
desejo sexual
    advertência sobre ações do, 62
    testosterona, estrogênio e, 75, 76-77
devaneio do crepúsculo, 115-116
distração mental, infelicidade e, 114-115
dinheiro, programação subconsciente do, 110
dímeros, gases nobres estimulados, 131–132
Disraeli, Benjamin, 91
doença autoimune da humanidade, 133
doença, causa primária da, 71
dopamina, efeitos da 70, 75, 77–81
droga do amor, 85
Duan, Luming, 53

E

EEG (eletroencefalografia), 50, 101
EEGQ (eletroencefalografia quantitativa), 118
efeito placebo, 52, 71
Einstein, Albert, 41, 52, 161
eletroencefalografia (EEG), 50, 52, 101
elétrons
    conchas concêntricas de, 124–127
    descobrimento dos, 42
elementos do excímero, gases nobres, 131–132
elementos, ligação química dos, 123–127
elementos neuroquímicos, amor e, 66, 70

elementos químicos. *Veja também* gases nobres
    a química do aconchego/apego, 83, 89
    a excitação da ligação de dímeros dos gases nobres, 131
    ligação codependente nos convencionais, 125–127, 131
emaranhamento na física quântica, 48-49, 52, 53–56
emaranhamento vibracional, 54, 55-56
empoderamento, paz e individual, 140–141
EMT (estimulação magnética transcraniana), 51
epigenética, 68
esquizofrênicos, efeito do EMT sobre, 51
estado de consciência mais tranquila, ondas alfa e, 106
estágio de evolução da humanidade, 34, 36, 134, 146
estresse, efeitos e causas do, 71-72, 98
estruturas econômicas, dissimulação das, 144
estruturas políticas, falsas aparências das, 144
estruturas acadêmicas, dissimulação de, 144
estados mentais integrais, 118-119
estrogênio, desejo sexual, fertilidade e, 76–77
Estudos sobre mapeamento 3-D do cérebro, 118
euforia, indução química e hormonal, 66
eustresse, causa e efeito do, 72
evolução
    comunidades cooperativas, 133
    crises e, 144
    complexidade crescente de, 35
    estágio da humanidade de, 33–34, 36, 133, 146
    imperativos biológicos da, 26–27
    padrões repetitivos de, 34–36, 144
    previsão do futuro da, 35
excímeros, comunidade esclarecida Organic India, 135–138
experimento "estar aqui agora", 158-159
experimentos científicos, papel dos pensamentos sobre, 57-58

F

famílias disfuncionais, impacto sobre as crianças, 105–106, 106–107
Fannin, Jeffrey L., Ph.D., 118
fêmeas, testosterona e níveis de estrogênio em, 76–77
Feng Shui, 49
fertilidade, estrogênio e, 76–77
fetos
    influências evolucionárias, 98–101
    relacionamento de interdependência entre pais e, 99
    habilidade de aprendizado dos, 105–106

sofisticação do sistema nervoso de, 97–98
Finais de Semana de Lua de Mel, 159
Fisher, Helen, 88
física newtoniana, 40–41, 42
formigas, natureza social das, 29
frequência de ondas theta de EEG hipnóticas, 112, 116
Fundación PEA, 141

G

Galeno, 65
Gandhi, Mahatma, 123
gases nobres
    argônio, 124, 126
    comunidades de humanos, 133, 135–138, 143
    excímeros, 131–132
    humanos equilibrados comparados a, 130–131
    indivíduos evoluídos como, 131, 133, 141–146
    natureza do, 123–127
gazelas, 60–61
genética
    controle da genética pelo cérebro, 77
    controle da atividade pelo ambiente, 69
    controle da atividade pelos neurotransmissores, 52
geometria, fractal, 34
Gerhardt, Sue, 139
GMOs (organismos geneticamente modificados), 136
Goswami, Amit, 53
grupo 18 da tabela de elementos periódicos, 124

H

hábito, aprendizagem por, 112
Hay, Louise, 116
Heisenberg, Werner, 41
Hendricks, Gay, 150
Hendricks, Kathlyn, 150
Henry, Richard Conn, 59
Henrique VI, rei, 65
hipnose theta, crianças e, 104-105, 112
holismo, 140
hormônios
    amor, 64-90
    confiança, 85
    desenvolvimento fetal e materno, 97–101

    dopamina, 70, 75, 77-81
    estresse, 71-72
    estrogênio, 76-77
    oxitocina. *Veja* oxitocina,
    serotonina. *Veja* serotonina
    sobrevivência da espécie, 69
    testosterona, 75, 76–77
    vasopressina, 75, 81–84
    violência e, 89
hormônios da confiança, 85
hormônios sexuais e, 75-76, 77, 81-84
Horton, Margaret, 96, 108–109, 147–150, 152–157
humanidade
    doença autoimune da, 133
    metamorfose do, 145–146
humor, fatores que influenciam no ser humano, 52
humanos
    como criadores da vida, 59
    comportamento inconsciente de, 93–94
    comunidade de organismos vivos dos, 69
    controle do meio de cultura do corpo, 69–71
    cura de, 149–150, 21–22
    destruição do planeta pelos, 134
    desconexão da natureza, efeitos da, 133
    dons inatos de, 39
    efeito dos objetos físicos sobre, 49
    fatores que influenciam as percepções, o temperamento e o comportamento de, 52
    gases nobres comparados aos equilibrados, 130–131
    giro equilibrado, 130
    ilusão do físico, 44
    importância de se responder à voz interior, 50
    imprevisibilidade dos comportamentos conscientes, 62
    influências pré-natais da personalidade, 100
    identidade pessoal, fonte de, 95
    natureza desequilibrada de, 128–130
    necessidade de parceiros complementares, 128–130
    personalidade de, influências pré-natais sobre, 99–10
    poder de, 58
    programação subconsciente, 92–94, 106
    relação entre bioquímica e percepções dos, 90
    relacionamentos bem-sucedidos dos equilibrados, 131
    responsabilidade pela própria vida, 149
    semelhança com os gases nobres evoluídos, 130–131, 132, 141–146

sensação de não ser amado, fonte da, 102–103
humano, comportamento
    acabar com a autossabotagem, 110-111
    controle subconsciente do, 96, 104, 106, 109-110
    efeito do subconsciente, 92-94
    fatores que influenciam, 51-52
    falta de consciência sobre nosso subconsciente, 109
    imprevisibilidade da consciência, 62
    mobília, necessidade de reorganização ou reposição, 50
    programar padrões subconscientes do, 112-113
    relacionamentos e o inconsciente, 92-94
humana, conexão
    bioquímica da, 75
    imperativo biológico para a, 26-27, 35-36, 129
    par por um longo período, 81-84
    oxitocina e, 85-87
    vasopressina e, 84
hipnose
    ondas cerebrais theta e, 101-102-105
    programação do subconsciente através de, 112–113
    reprogramação do subconsciente através de, 115-117

I
identidade pessoal, fonte de, 95
iluminação espiritual, 44
imaginação, ondas cerebrais theta e, 101-102
Índia, taxa de fertilidade na, 31
imperativos biológicos, humanos
    mescla, 26-27
    propagação, 30
interferência construtiva, 46–48, 48, 54, 56
interferência destrutiva, 47–48
internet, sistema nervoso comparado à, 143
Iseult (Isolda) e Tristão, 64-65

K
Kickstarter, 142
Konigsberg, Irv, 69

L
lagartas, metamorfose de, 145–146
lasers, desenvolvimento de, 132
lavoura orgânica, 137, 139

Lei da Atração, 54
Lei da Repulsão, 54
Lev, Bhavani (Holly B.), 133, 135, 137-138
Lev, Yoav (Bharat Mitra), 133, 135, 139
libido, baixa, 89
ligação em um par, 81–84
linguagem, problemas de, 39
ligações iônicas, 127
Lipton, Bruce
    carreira, 38
    casamento, 20, 21
    como biólogo celular, 28
    educação, 19-20
    família, 19-21
    infância, 19-21
    lições aprendidas, dolorosas, 37-39, 62
    Margaret Horton e, 150-152, 157-161, 23
    relacionamentos, 20-21-23, 61-62
Lipton, Judith Eve, 60
livros de autoajuda, falha dos, 24, 112
LORETA (*low resolution electromagnetic tomography*) [tomografia eletromagnética de baixa resolução], 118
Lovelock, James, 133, 134
Lucknow, Índia, 137

M
machos
    níveis de testosterona e de estrogênio em, 76
    vasopressina e característica de comportamento de, 83
magnetoencefalografia, 50, 52
Magnus, Albertus, 65
manjericão-santo, tulsi, 137
mal de Parkinson, tratamento de, 78
Marazziti, Donatella, 87
Marriage, a History: How Love Conquered Marriage [Casamento, uma História: como o Amor Conquistou o Casamento] (Coontz), 132
matéria como vórtices de campos de energia, 44
mecânica quântica
    emaranhamento da, 48–49, 52–53
    implicações para a vida pessoal, 44
    natureza da, 41–42
    não localidade da, 52–53
    parapsicologia e, 53

Medicina Ayurveda, 137
Meditação Acem, 116
medo
    impacto no sangue, 71
    liberação de hormônio de estresse e, 71–72
    oxitocina e redução de, 86
Meloy, J. Reid, 88
mente. *Veja* cérebro, o
meio de cultura de tecido, 67
mente consciente
    aprendizado da mente subconsciente comparado à, 111–113
    criatividade e a, 95
    interação com a mente consciente, 110
    mindfulness e programação da, 113
    natureza e atividade da, 95–96, 112
    processamento da mente subconsciente comparado à, 96, 113
    romance e, 91–92
mente pensante. *Veja* mente consciente
mente subconsciente
    amor e, 92-94
    aprendizado da mente consciente comparado a, 111-113
    áudios subliminares/de hipnose para reprogramação da, 115-117
    comunicação com, 103-104
    falta de consciência do comportamento da, 109
    fontes de programação negativa da, 92-93
    fracasso dos esforços de reprogramação da mente consciente, 113
    influência do comportamento pela, 96, 104, 106, 109-110
    interação com a mente consciente, 110
    natureza da, 96
    processamento da mente consciente comparado a, 96
    programação da, 92-94, 106, 113
    programação das aspirações e desejos da mente consciente dentro da, 121
    relações codependentes e, 129-130, 160
    reprogramação da, 108, 122, 131
    revisão da programação da, importância da, 109-111
    romance e, 92-94
    valor da, 96
Mil Milenios de Paz, 141
mindfulness, reprogramação do subconsciente através de, 113-115
Mitra, Bharat (Yoav Lev), 133, 135, 137-138, 139
"moeda energética", 28
moléculas
    ATP, 28

composição de, 44
momentos theta, 116
monogamia, 59-61, 83-84
movimento de potencial humano, 149
mundo pós-newtoniano, 41–42
mundo. *Veja também* planeta
    ilusão do material, 40-41, 41-42, 43
    imaterialidade do, 59

N

não localidade da mecânica quântica, 52
não merecer ser amado, sentimento de, 102-104
natureza
    efeitos da desconexão com a, 133
    padrões repetitivos da, 34–36
natureza, padrões repetitivos da, 144
Náufrago, 30
neuropeptídeos, liberação e disseminação pelo cérebro, 52
neurotransmissores, liberação e disseminação dos, 52
nêutrons, 42
Nhat Hanh, Thich, 44
"nova ciência", 140
núcleo accumbens, 78, 83–84
núcleos dos átomos, 124

O

obsessão, serotonina e, 87–90
OGMs da Monsanto, 136
ondas cerebrais alfa, 106-107
ondas cerebrais beta, 116
ondas cerebrais delta
    crianças pequenas e, 101
    sono profundo e, 101, 115
ondas de água, 45-48
ondas theta do cérebro
    crianças pequenas e, 102, 112
    devaneios do crepúsculo e, 115-116
    hipnose de, 102, 104-105
    imaginação e, 102, 115
Organic India, 133, 135–138
organismos
    comunicação, meios de, 39
    cooperação entre, 133–134

    papel da dopamina nos simples, 78
    irradiação de energia dos, 41
    unicelulares, 28
organismos multicelulares, 29
organismos unicelulares, 28, 35
orgasmo cardíaco, 151
origens fetais, estudo das, 100
Orman, Suze, 110
oxitocina
    amor e, 70, 75
    contrações uterinas e, 85
    efeitos negativos de, 89
    leite materno e, 85
    ligação em um par e, 81–84
    ligação mãe-filho 85
    níveis de aumento dos, 86
    redução do medo com, 86
    tratamento de autismo com, 89
O Romance de Tristão e Isolda (Bédier), 64
The 9 Steps to Financial Freedom - Os 9 Passos para a Liberdade Financeira (Orman), 110

P

padrões fractais na Natureza, 34–36, 144
padrões recorrentes do Universo, 34-35, 143-144
palavras, problema com as 39
pallidum ventral, 79, 83-84
Pando, bosque de árvores aspen, 29
Papaji, 135
parapsicologia, mecânica quântica e, 53
partículas bóson, 42
partículas de férmion, 42
partículas quark, 42
partículas subatômicas, 42
pais
    consciente, 138–141
    impacto de pais críticos sobre os filhos, 102–103, 107
    paz planetária e consciente, 140
    práticas comuns e não naturais de, 140
    quebra do ciclo de progenitores negativos, 139
Paul, Annie Murphy, 100
Paxil, 89
Peace, Ecology & Art Foundation [Fundação de Arte, Paz e Ecologia], 141

paz, empoderamento individual, paternidade consciente, 130–131, 140–141
"*Peace, Love and Oxytocin*" [Paz, Amor e Oxitocina] (Sapolsky), 90
pensamento positivo
    fonte do, 95
    limitações do, 91–92
pensamentos
    criação de poções de amor com, 66
    efeito de transmitir positivos e negativos, 56
    fontes dos positivos, 91-92
    limitações dos positivos, 91-92
    nos relacionamentos, falsamente positivos, 58
    observação e revisão, 115-117
    papel nos experimentos científicos, 57
pensamento científico
    foco do tradicional, 40
    paz e holismo baseados em revisões modernas de, 140
percepções
    bioquímica do sangue produzida por, 74
    compatibilidades bioquímicas, 90
    efeito da mudança sobre o cérebro, 70–71
    fatores que influenciam os seres humanos, 52
perda de apetite, química e induzida por hormônios, 66
personalidade, influências pré-natais do desenvolvimento da, 99–100
Planck, Max, 41
planeta
    cura do, 132–135, 137, 140–141, 144–146, 161
    destruição do, 134
Platão, 34
poção afrodisíacas, 64-65
poções do amor
    criação de, 66, 75
    limitação de, 89-90
    na história, 64-65
    sobrevivência dos bebês e, 75-76
    vasopressina em, 84
Poonjaji, Shri H. W. L. Ponjaji (Papaji), 135
populações, sexo para propagação e estabilidade das, 31
potencial evocado, 53–54
prazer, dopamina e, 77–81
prazer sensorial, violência e privação de, 139-140
predadores, humanos, 56–57
Prêmio Goi da Paz, 140
Prêmio Thousand Peace Flags [Mil Bandeiras de Paz], 141

Prescott, James W., 139
Primate Research Institute [Instituto de Pesquisa sobre Primatas], Universidade de Kyoto, 105
princípio da sobrevivência dos que melhor se adaptam, 144
"processamento", 149
programação, como superar nossa, 39–40
Propertius, 65
propagação, impulso humano para a, 30–31
prótons, 42, 124
Prozac, 89
psicologia da energia, reprogramação do subconsciente através de, 117–119
psiquê, infantil, fundamentos da, 100–101
PSYCH-K e processo de mudança de crenças, 117–118, 142
Puck, 66

Q
quatro mentes, 24, 91, 121, 155. *Veja também* mente consciente; subconsciente
química do aconchego, 83, 89

R
radiação, absorção da energia e, 41
raiva, abandono, 88
ratos-da-pradaria, pares e acasalamento dos, 81–84
reconexão, uso do toque e das palavras para, 156-157
reino animal, monogamia no, 59-61
rejeição de si mesmo, relacionamentos e, 104
relacionamentos disfuncionais, 20-21, 105–106, 107,
relacionamentos. *Veja também* humanos; amor
    amor altruísta e duração, 131
    codependente, 129-130, 160
    comportamentos conscientes em, 92-93
    comportamentos inconscientes em, 93-94
    comportamentos subconscientes, efeito dos, 92-94
    comunicação e duração, 119
    criação de duradouro, 27, 59, 62-63, 108-122, 156-157
    cura, 149-150, 23-24
    disfuncional, 20-21, 105-106, 107
    dopamina e amor de longa duração, 81
    efeito de pensamentos positivos e negativos em, 56
    elementos excímeros comparados ao amor bem-sucedido, 131
    emaranhamento vibracional em, 55-56
    falta de autoestima e fracasso de, 111
    humanos equilibrados e sucesso no, 130-131

    impacto das crenças sobre, 24, 60, 103-104
    impedimentos para um duradouro, 56, 62, 91-94, 103-104, 106-107
    interferência construtiva em, 56
    liberação de cortisol devido ao amor, 72
    liberação de culpa relacionada ao passado, 58, 160
    malsucedido, 23, 26, 65-66, 87-88, 91-94, 111
    manifestação saudável, 108-109
    monógamo, 59-60, 83-84
    necessidade de ter razão em, 155-156
    objetivo em, 59
    paciência e duração, 119-121
    parceiros complementares, necessidade de, 127-130
    período do Efeito Lua de Mel, 75, 80-81, 87, 92
    prática e duração, 120-121
    quatro mentes de um, 24, 91, 122, 155
    reconexão através do toque, 156-157
    rejeição de si mesmo, 104
    riso, cura através do, 22
    sabotagem do, 104
    sexo em, 30-31, 59, 76-77, 84, 115
    simulação de pensamentos positivos no amor, 58
    técnicas corporais de cura, 150
    usar a mente para criar positivos, 59, 23
    visualização da meta multissensorial, 108-109
    volatilidade e intimidade, 155
religião
    divisão entre ciência e, 40
    estruturas dissimuladoras da, 144
    foco tradicional da, 40
renascença da física, 42
reprodução
    impulso humano de, 30
revolução rural "verde", 136, 138
riso, cura através do, 22
romance. *Veja* amor
Rumi, 18, 36
rural
    orgânico, 137, 138
    revolução "verde", 136, 138

S

sábios autistas, efeitos da EMT sobre, 51
Saionji, Hiroo, 140

saúde, secreção neuroquímica, 66, 70
sangue
    como meio de crescimento para as células humanas, 69-70
    controle da bioquímica pelo cérebro, 74
    efeito da mudança de percepção e crenças sobre o, 70-71
    efeito do medo sobre o, 71
Sapolsky, Robert M., 31, 90
Schlitz, Marilyn, 57
Scott, Laura S., 32
sentimentos, perigos de suprimi-los, 39
serotonina
    amor e, 75
    drogas para aumento dos níveis de, 88
    efeitos dos baixos níveis de, 87-88
    obsessão e, 87-90
sexo
    ausência de consciência do ego durante, 115
    em relacionamentos, 59
    estabilidade das populações e, 31
    impulso humano para o, 30
    não reprodutivo, 31
    necessidade de conexão e, 32
    para propagação, 31
    testosterona e desejo de, 76-77
    vasopressina e, 84
sexo sem fim reprodutivo, 30–31
Shakespeare, William, 66, 154
sofrimento, causa e efeito do, 72
Simon, Paul, 62
sincronização hemisférica, 118
Singh, Kailash Nath, 137
sistema nervoso, a internet comparada ao, 143–144
sono, ondas cerebrais delta e, 101, 115
sobrevivência das espécies
    ameaças à, 27
    hormônios sexuais e, 77

T
tabela periódica dos elementos, 123–124
taxas de divórcio, Estados Unidos, 132
TDM (transtorno depressivo maior), efeito de EMT sobre, 51-52
técnicas de cura centradas no corpo, 150

tecnologia médica, não invasiva, 51-52
tegmental ventral, 79
tentilhão-zebra, 77
Teoria de Darwin, 35
Teoria de Gaia, 133, 134
terapia, relacionamento
    falta de sucesso de, 24
    técnicas centradas no corpo, 148
teste muscular, 103–104
testosterona, desejo, amor, acasalamento, 75, 76-77
The mind of your newbon Baby - A Mente de seu Recém-nascido (Chamberlain), 98
The Myth of Monogamy - O Mito da Monogamia (Barash e Lipton), 60
The Perfumed Garden [Jardim Perfumado] (al-Nefwazi), 65
"*The Uniqueness of Humans*" [A Singularidade do Ser Humano] (Sapolsky), 30-31
Thomas, Lewis, 26, 29
Thomas, Sally, 157
Thoreau, Henry David, 37
toque, reconexão com o, 156
transes, hipnogógico, 104-105
transes hipnóticos, 104–105, 112
"transparência emocional", 150, 153–154
transtorno obsessivo-compulsivo (TOC), amor romântico e, 87
transtorno depressivo maior (TDM), efeito de EMT sobre, 51-52
Tristão e Isolda, 64-65
tulsi, 137
Two Is Enough: A Couple's Guide to Living Childless by Choice [Dois Já Bastam: o Guia Completo para Casais que Escolhem Não Ter Filhos] (Scott), 32-33

U
Universo, o
    imaterialidade do, 58
    padrões geográficos fractais do, 34-36, 144
    química do, 124

V
vasopressina, amor, união, sexo e, 73, 81-84
Verny, dr. Thomas R., 99-100
vibrações
    comunicação e, 39
    criação mental das boas e más, 50-51
    interferência das boas, 48
    interferência destrutiva das más, 47-48

    importância de se prestar atenção às, 50, 63
    preço de se ignorar as, 37-39
    radiação de energia, 41
vinho Amagnac, 65
violência
    hormônios e, 88-89
    privação do prazer sensorial e, 140
violência doméstica, impacto sobre as crianças, 105–106
visualização de metas, consciente 108-109
voz interior, importância da responsabilidade de, 50

W

Why Love Matters: How Affection Shapes a Baby's Brain [Por Que o Amor É Importante: Como o Afeto Molda o Cérebro do Bebê] (Gerhardt), 139
Why We Love [Por Que Amamos] (Fisher), 88-89
Williams, Rob, 118-119
Wiseman, Richard, 57

Z

Zeki, Semir, 80-81

AGRADECIMENTOS

    Minha jornada de compreensão e aprendizado para vivenciar o Efeito Lua de Mel foi como uma montanha-russa, cheia de altos e de profundos baixos. Muitos foram os professores que me transmitiram conhecimentos e com quem troquei experiências de vida físicas, emocionais e/ou espirituais. Alguns estavam abertamente dispostos a ensinar; outros não. Mas todos contribuíram, de maneira individual ou coletiva, para a grande síntese desse conhecimento transformador.
    Primeiramente, gostaria de homenagear alguns deles, que foram muito importantes e cuja sabedoria me ajudou a entender os segredos primordiais da vida. E de expressar minha admiração e gratidão às células-tronco de minha pesquisa e aos 50 trilhões de células que compõem a comunidade "Bruce". O futuro da civilização humana está escrito na sabedoria das células.

Uma vez que iniciei minha senda de viver o Paraíso na Terra, me vi rodeado de anjos, os adoráveis seres celestiais que as religiões descrevem. A palavra *anjo* vem do grego *angelos*, que significa "arauto" ou "mensageiro". Todo anjo que entrou em minha vida me ensinou algo sobre o Amor Universal, que, para muitos, significa Deus.

Um Anjo de Luz que muito contribuiu e influenciou para a apresentação deste trabalho é Patricia A. King. Patricia é uma escritora *freelance* de Bay Area, nos Estados Unidos, que trabalhou mais de dez anos como repórter e editora-chefe da revista *Newsweek*. Trabalha com projetos de jornais e revistas sobre saúde, especialmente nas áreas de medicina que focam corpo-mente e a influência do estresse em doenças. Nascida em Boston, hoje mora em Marin County, na Califórnia.

Contei com sua ajuda e parceria ao escrever o *best-seller A Biologia da Crença* e descobri nela uma grande colega e incrível editora. Como todos sabem, sou um homem de muitas palavras, e meu anjo Patrícia também contribuiu com muitas das 40 mil presentes neste livro, informativas e, em boa parte, divertidas.

Outro anjo, este com espírito de artista, é meu querido filho "espiritual" Bob Mueller, criador da bela arte da capa[1]. Tanto em *A Biologia da Crença* quanto em *Evolução Espontânea*, bastou descrever o material para Bob criar imagens incríveis que traduziam a essência dele. Sou muito grato a você, querido Bob. São três capas de sucesso! Bob é cofundador e diretor de arte da Lightspeed Design em Bellevue, Washington. Eles desenvolveram uma tecnologia 3-D que lhes rendeu prêmios e diversos shows com efeitos de luzes e som para empresas, museus de ciência e planetários no mundo todo. Para conhecer o trabalho maravilhoso de Bob, acesse www.lightspeeddesign.com.

Agradeço de coração aos anjos que trabalharam fazendo a revisão do manuscrito, a avaliação da obra e que contribuíram de maneira especial para melhorar o texto. Quero agradecer a cada um dos queridos amigos que ajudaram a trazer à vida

---
1 N.E.: Capa do original

este livro. Em ordem aleatória: Shelly Keller, Diana Sutter, Susan Mayginnes, Curt Rexroth, Terry e Christine Bugno, Theresa e Vaughan Wiles, Robert e Susan Mueller, Joan Borysenko e Gordon Dveirin, Patricia Gift, Ned Leavitt, Barry e Karen Rushton, Sherry Burton, Reinhard e Michaela Fuchs, Bhavani e Bharat Mitra Lev. Não posso me esquecer de agradecer a Sally Thomas. Mais que uma leitora, Sally é nossa querida amiga e colega de trabalho.

Serei também eternamente grato pelo amor e apoio de minha família, que esteve ao meu lado mesmo nos momentos mais malucos. Marsha, minha irmã, e David, meu irmão, sempre dividiram comigo os momentos de dor e alegria que marcaram nossa jornada de vida. Agradeço também aos Céus, que materializaram minha filha Tanya; seu amado Jean-Brice; minhas netas Jean-Gabrielle e Lily-Anabelle; minha filha Jennifer, seu amado companheiro Stef e meu neto Miles.

E jamais poderia esquecer... a mensagem contida neste livro e todo o Paraíso na Terra não existiriam sem o amor que tenho por minha amada, amiga e professora Margaret Horton. Margaret é meu Anjo de Amor e de Luz, minha inspiração e guia nesta fabulosa jornada de despertar. Nosso amor é uma bênção do Universo.

Levamos o livro espírita cada vez mais longe!

📍 Av. Porto Ferreira, 1031 | Parque Iracema
CEP 15809-020 | Catanduva-SP

🌐 www.**boanova**.net

✉️ boanova@boanova.net

📞 17 3531.4444

💬 17 99777.7413

Siga-nos em nossas redes sociais.

@boanovaed

boanovaeditora

CURTA, COMENTE, COMPARTILHE E SALVE.
utilize #boanovaeditora

Acesse nossa loja

Fale pelo whatsapp